P. Ernst Hoch P. A. · Strahlenfühligkeit

P. Ernst Hoch P.A.

STRAHLENFÜHLIGKEIT

Umgang mit Rute und Pendel

Mit Beiträgen von:

Dr. Ernst Hartmann
Felix Froschauer
Dr. Johannes Mayr

VERITAS-VERLAG   LINZ – WIEN

CIP-Kurztitelaufnahme der Deutschen Bibliothek

Hoch, Ernst:
Strahlenfühligkeit: Umgang mit Rute u. Pendel / Ernst Hoch. Mit Beitr. von: Ernst Hartmann . . .
– 1. Aufl. – Linz; Wien: Veritas-Verlag, 1982.
ISBN 3-85329-347-6

© Veritas-Verlag Linz; alle Rechte vorbehalten
Gedruckt in Österreich; 1. Auflage/82
Druck: OÖ. Landesverlag Ges.m.b.H. Linz
Umschlaggestaltung: Hedwig Sturm

ISBN 3-85329-347-6

INHALT

	Seite
ÜBER DIESES BUCH	7
VORWORT	9
EINFÜHRUNG	10
GESCHICHTE DER RADIÄSTHESIE	13
I. THEORETISCHE RADIÄSTHESIE	17
Grundbegriffe der Radiästhesie	17
Strahlen, Fühligkeit, Rute, Pendel	19
Strahlen	19
Fühligkeit	20
Rute	25
Pendel	29
Rutenausschläge und Pendelzeichen	33
Polarität	34
Abschluß des theoretischen Teils	39
II. PRAKTISCHE RADIÄSTHESIE	40
A) Die materielle Radiästhesie	41
Strahlen von unten (aus der Erde):	
1. Die geologische Radiästhesie	41
2. Die hydrologische Radiästhesie	60
Strahlen aus der Umwelt:	
1. Die biologische Radiästhesie	74
2. Die botanische Radiästhesie	79
Strahlen von oben:	
Die atmosphärische und kosmische Radiästhesie	80
B) Die mentale Radiästhesie	87
C) Die Teleradiästhesie	90
D) Die empfindsame Hand	93
ERGÄNZENDE BEMERKUNGEN	94
SCHLUSSWORT DES AUTORS	99
EINIGE DIAGRAMME	101
Liste empfehlenswerter einschlägiger Literatur	103
Register	104

Seite

ANHANG

Johannes Mayr: Die Radiästhesie als Gegenstand wissenschaftlicher
Untersuchungen 110

Dr. Ernst Hartmann: Experimenteller Nachweis ortsgebundener
geopathischer Faktoren 119

Felix Froschauer / Johannes Mayr: „Störzonen" – eine Ursache von
Lern- und Verhaltensstörungen? 131

ÜBER DIESES BUCH

In den letzten Jahren ist das Vertrauen in die etablierten Wissenschaften aus verschiedenen Gründen ins Wanken geraten. Vermutlich haben dazu die ungünstigen Nebenwirkungen des technischen Fortschritts, wie sie sich etwa in der Zerstörung unserer natürlichen Umwelt zeigen, ebenso beigetragen wie manche Mißerfolge bei der Bewältigung wichtiger Forschungsaufgaben, zum Beispiel bei der Lösung des Krebsproblems. Parallel zu diesem Vertrauensschwund haben einige, bisher kaum beachtete wissenschaftliche Grenzgebiete im Bewußtsein der Öffentlichkeit eine starke Aufwertung erfahren, etwa der biologische Landbau, die homöopathische Medizin oder auch das Pendeln und Rutengehen.

Das vorliegende Buch ist dem letztgenannten Bereich gewidmet. Es soll dazu beitragen, durch Austausch von Meinungen, Erfahrungen und Forschungsergebnissen die Entwicklung der Radiästhesie – der Lehre von der Strahlenfühligkeit – zu fördern. Zu diesem Zweck bietet es neben einer umfassenden Darstellung des radiästhetischen Erfahrungsschatzes Beispiele wissenschaftlicher Überprüfungsversuche aus den Fachgebieten Physik, Biologie, Medizin und Psychologie.

Im *HAUPTTEIL* des Buches informiert der Rutengänger Pater E. *Hoch* detailliert über die Theorien, Praktiken und Erkenntnisse, die sich er und seine Kollegen im Verlauf jahrzehntelanger Arbeit angeeignet haben. Der Bogen der Themen reicht von den Ursachen der Strahlenfühligkeit über die richtige Handhabung der Rute bis zum Pendeln als Hilfsmittel bei Lebensentscheidungen. Seine Ausführungen sind so verständlich und konkret, daß man von einem *Lehrwerk der Radiästhesie* sprechen kann. In Anbetracht der Materie ist es naheliegend, daß dabei auch Ansichten geäußert werden, die selbst unter Rutengängern umstritten sind und möglicherweise einer wissenschaftlichen Überprüfung nicht standhalten können. Sie sollen hier dennoch veröffentlicht werden mit dem Ziel, eben solche Überprüfungen anzuregen und damit beizutragen, die Radiästhesie ein Stück aus dem Verdacht des Aberglaubens und der Scharlatanerie herauszuführen, der ihr noch immer – und zum Teil nicht unbegründet – anhaftet.

Im wissenschaftlichen *ANHANG* zeigt zunächst eine von J. *Mayr* zusammengestellte *Forschungsübersicht,* daß es solche Untersuchungen bereits gibt, daß die wissenschaftliche Auseinandersetzung mit radiästhetischen Theorien jedoch beträchtliche methodische Probleme aufwirft. Mit dem anschließenden Aufsatz von E. *Hartmann* über *Pflanzenkeimung und Blut-*

senkung auf sogenannten *Krebspunkten* wird eine jener Arbeiten vorgestellt, die häufig als Beweis dafür angeführt werden, daß die von den Rutengängern angenommenen Störzonen tatsächlich gesundheitsschädigende Auswirkungen haben können. Doch nicht alle Untersuchungen sprechen für die Ansichten der Radiästheten. So erbrachte zum Beispiel eine Studie von F. *Froschauer* und J. *Mayr* über *Auswirkungen von Wasseradern auf das Lern- und Sozialverhalten von Kindern* keine eindeutigen Ergebnisse. Sie spiegelt damit in gewisser Weise den derzeitigen Stand der wissenschaftlichen Diskussion um die Radiästhesie wider und wurde deshalb als Abschluß des Kapitels gewählt.

Die in diesem Buch zusammengestellten Beiträge beleuchten die Phänomene des Pendelns und Rutengehens von verschiedenen Gesichtspunkten aus. Dabei kann es im gegebenen Rahmen nicht das Ziel sein, alle Aspekte umfassend darzustellen. Das Buch soll dem Leser vielmehr – neben einer Fülle fundierter Informationen – den Eindruck vermitteln, daß es hinreichend Grund gibt, sich eingehend mit der Thematik auseinanderzusetzen, und daß dogmatische Pro- und Kontra-Positionen beim heutigen Forschungsstand nicht mehr gerechtfertigt erscheinen.

Der Verlag

VORWORT

Mit großem Interesse habe ich das Manuskript dieses Buches gelesen und mit aufrichtiger Freude festgestellt, daß P. Ernst Hoch mit dieser Veröffentlichung das bringt, worauf wir schon lange gewartet haben.
Außer einer Anleitung zum Erlernen der Arbeit mit Rute und Pendel und einer Erklärung von Begriffen bringt der Autor auch eine Wertung von Ansichten und Praktiken, wodurch eine Beseitigung von Vorurteilen, die eine Geißel der Menschheit sind, möglich wird.
Wir dürfen P. Ernst Hoch in zweifacher Weise dankbar sein: erstens dafür, daß er im vorliegenden Werk offen und freimütig zu verschiedenen Themen Stellung nimmt, und zweitens dafür, daß er in seinem Buch der Arbeit mit Rute und Pendel den rechten Platz zuerkennt.
Aus Gründen der Vollständigkeit des Themas hielt P. Hoch es für angebracht, recht viele Gebiete aufzuzeigen, in denen die Strahlenfühligkeit mit Rute und Pendel eingesetzt werden kann zum Nutzen der Menschheit und zum Gedeihen der Tier- und Pflanzenwelt.

Käthe Bachler

EINFÜHRUNG

Seht ihr den Mond dort stehen?
Er ist nur halb zu sehen
Und ist doch rund und schön.

So sind gar manche Sachen,
Die wir getrost belachen,
Weil unsre Augen sie nicht sehn.

Diese Worte des Dichters Matthias Claudius (1740–1815) können mit Recht auf die Strahlenfühligkeit mit den Instrumenten Rute und Pendel angewandt werden; denn auch heute gibt es noch viele, die Rutengehen und Pendeln als „hinterwäldlerischen Aberglauben" und Magie ansehen. Es gibt auch noch viele andere, die sie „getrost belachen, weil unsre Augen sie nicht sehn".
Zugegeben, wer zum ersten Mal die Wünschelrute in der Hand des Rutengängers ausschlagen und den Pendel in der Hand des Pendlers verschiedene Zeichen ziehen sieht, dem kann es schon unheimlich vorkommen. Er mag vielleicht denken: Ob das wohl mit rechten Dingen zugeht?
Wer so denkt, der kann in diesem Buch vielleicht eine Lösung für seine Bedenken finden. Ich will nicht nur erklären, wie man sich zum Rutengänger und Pendler ausbilden kann, sondern will – und dies schon in der Einführung zum Thema – die Grundfrage zu beantworten versuchen, die erste Frage, die in bezug auf Rutengehen und Pendeln gestellt werden muß. Diese Frage lautet: Woher hat der Mensch diese Fähigkeit? Zauberei kann doch wohl kaum in Frage kommen, denn mit dem Rutengehen und Pendeln befaßten sich ja von alters her bis in die heutige Zeit viele Priester, Ärzte und Gelehrte der Physik, der Geologie, Chemie, Psychologie usw.; und sie alle waren Persönlichkeiten, die ihren Ruf und Beruf nicht dem Gespött der Leute preisgegeben hätten, wenn sie ihrer Sache nicht gewiß gewesen wären.
Woher hat also der Mensch die Fähigkeit der Strahlenfühligkeit, die sich in seiner sensiblen Hand durch Rutenausschlag und Pendelzeichen kundtut?
Die Antwort auf diese Frage lautet: Diese Fähigkeit der Strahlenfühligkeit ist eine natürliche Veranlagung, die jeder Mensch in kleinerem oder größe-

rem Maße besitzt. Dieses Maß hängt ab vom Grad der Fühligkeit jedes einzelnen Menschen.
Auch das Tier besitzt Fühligkeit für das, was ihm nützt und schadet. Man nennt diese Fühligkeit Instinkt. So stellen wir in einem großen Naturpark – z. B. in der Serengeti in Afrika – fest, daß die eine Art von Zweihufern nicht alles Gras der Weidefläche abweidet; sie wählt instinktiv aus, was ihr bekömmlich ist. Nachher oder auch gleichzeitig kommen andere Zweihufer, denen gerade das Gras schmeckt, das die erste Art verschmäht hat. Durch diese weise Ordnung in der Natur liegt schließlich der ganze Park sauber da. Oder beachten wir, wie die Tiere instinktgemäß Gefahren wittern und ihnen rechtzeitig ausweichen. Denken wir beispielsweise an die Fledermäuse, die nachts mit großer Geschwindigkeit durch die Luft fliegen und doch nirgendwo anstoßen. Beizeiten weichen sie einem Objekt aus, das ihnen im Weg steht. Als anderes Beispiel mag die Hausschnecke dienen, die ihre Fühler einzieht, sobald sie eine Gefahr wittert.
Soll da der Mensch nicht auch eine ihm angeborene Veranlagung in sich haben, die gerade ihm, als dem einzigen mit Verstand begabten Geschöpf, entspricht? Der Mensch besitzt diese Veranlagung und kann sie nach außen hin kundtun mit Hilfe von Rute und Pendel. Rute und Pendel in der Hand des feinfühligen Menschen sind also zu vergleichen mit den Fühlern der Hausschnecke oder einer Art Radargerät, mit dem er nach außen hin zeigen kann, was ihm nützt oder schadet.
Ob der Ausdruck *Strahlenfühligkeit* der passendste ist, darüber läßt sich streiten. Mit der Zeit mag eine passendere Bezeichnung dafür gefunden werden. Im Zeitalter der Strahlen aller Art, in dem wir leben, liegt es nahe, die Art der Fühligkeit, die Mensch und Tier eigen ist, als Strahlenfühligkeit zu bezeichnen.
Aber nicht jeder, bei dem die Rute ausschlägt oder der Pendel rotiert, soll glauben, daß er damit schon ein erprobter Rutengänger oder Pendler ist. Dazu ist es notwendig, einschlägige Werke eingehend zu studieren, viel zu üben und sich von erprobten Radiästheten auf seine Strahlenfühligkeit prüfen zu lassen.
Jeder, auch der erfahrenste Rutengänger und Pendler, soll sich bewußt sein, daß sein Arbeiten mit Rute und Pendel viele Möglichkeiten zur Fehldiagnose beinhaltet. Er darf deshalb nie sein erstes Resultat als endgültig ansehen; vielmehr soll er es überprüfen, und oft kann er dabei feststellen, daß Tücken der Natur, seiner eigenen oder der Umwelt, ihm ein Fehlurteil zukommen ließen. Ferner, wo immer es möglich ist, soll er einen anderen Rutengänger oder Pendler bitten, eine „Probe aufs Exempel" zu machen. Ein anderer hat vielleicht eine andere Arbeitsweise, denn der Mensch ist kein

vorprogrammierter Roboter, keine Maschine, keine Schablone; jeder Mensch ist eine individuelle Wesenheit, und dies auch mit ganz persönlicher Veranlagung zur Strahlenfühligkeit.

Strahlenfühligkeit – eine natürliche Veranlagung! Dies ist gleichsam der „rote Faden", der sich durch mein Buch zieht. Unter diesem Motto wird es gewiß mancher Angst vor „hinterwäldlerischem" Aberglauben und Magie entgegenarbeiten.

Möge meine Arbeit viele dazu anregen, sich zu Meistern in der Strahlenfühligkeit mit den Instrumenten Rute und Pendel heranzubilden, um sich selbst und die Mitwelt vor Schaden zu bewahren und so in vieler Hinsicht von Nutzen zu sein.

Meinen Ausführungen möchte ich vorausschicken, daß ich mich bemüht habe, das Buch schlicht und einfach zu schreiben, mit anderen Worten: volkstümlich, damit auch einfache Menschen meine Ausführungen verstehen können, da gerade sie dem Umgang mit Rute und Pendel oft skeptisch gegenüberstehen. Ich will auch keinen Kompetenzstreit provozieren mit Autoren, die die Radiästhesie weitestgehend auf wissenschaftlicher Basis betreiben. „Weitestgehend" sage ich deshalb, weil sich alle Radiästheten eingestehen müssen, daß sie auf dem Gebiet der Radiästhesie erst am Beginn ihrer wissenschaftlichen Forschungen stehen.

Das Buch behandelt viele Gebiete der Radiästhesie, die nach systematisch aufgebauter Ordnung dazugehören. Auf diese Weise möchte es dem Leser recht viele Möglichkeiten zeigen, wie die Radiästhesie Übel abwenden und Gutes tun kann.

Da jede gute Gabe in ungeübter Hand viel Schaden anrichten kann, so möchte ich vor jedem Mißbrauch der Rute und des Pendels warnen. Besonders warne ich vor jedweder radiästhetischer Betätigung, die den Spezialisten der Radiästhesie vorbehalten ist, sowie vor jedem medizinischen Pendeln, da solches nur dem Arzt zusteht.

Die Gliederung der Ausführungen wurde wie folgt vorgenommen: Der erste Teil ist der *theoretischen,* der zweite Teil der *praktischen Radiästhesie* gewidmet. Diesen beiden Kapiteln ist eine kurzgefaßte *Geschichte der Radiästhesie* vorangestellt.

GESCHICHTE DER RADIÄSTHESIE

Mit Rute und Pendel zu arbeiten ist eine seit jeher gebräuchliche Betätigung. Die ältesten Hinweise darauf gehen weit in die vorgeschichtliche Zeit zurück; wir finden sie bei fast allen damals bekannten Völkern. Früher sprach man von *Rhabdomantie*. Der Name kommt vom griechischen *rhabdos* (= Stab), und man versteht darunter: Wahrsagen mit dem Stab.

Im folgenden soll ein Überblick die wichtigsten geschichtlichen Daten bezüglich radiästhetischer Betätigung aufzeigen:

Älteste Hinweise

Etwa 13 500 v. Chr. gab es in Südafrika und Togo bereits Brunnenanlagen und Zinkbergwerke. Man nimmt an, daß die Plätze dafür nicht ohne Hilfe von Rute und Pendel entdeckt worden wären.
Ca. 6000 v. Chr.: Aus dieser Zeit sind uns die Felsenbilder von Tassili in der nördlichen Sahara bekannt, die Rute und Pendel zeigen.
Ca. 4000–1500 v. Chr.: Buschmann-Malereien im nordwestlichen Kapland sind bis heute noch stumme Zeugen radiästhetischer Arbeit.
Ca. 3000–300 v. Chr.: In Grabstätten von Pharaonen im „Tal der Könige" (Ägypten) fand man aus dieser Zeit Sandsteinpendel sowie Bilder von Priestern mit dem Gabelzweig.
Etwa 2200 v. Chr. erließ der Kaiser Kuang Yü in China ein Edikt, in dem es hieß, daß kein Haus gebaut werden dürfe, bevor die „Erdwahrsager" (heute Rutengänger und Pendler) nicht bestätigt hätten, daß die Baustelle frei von „Erddämonen" (heute: Erdstrahlen) sei. Auf einem Relief aus der damaligen Zeit ist der Kaiser Kuang Yü mit der Wünschelrute dargestellt.
Ca. 2000 v. Chr.: Bei Ausgrabungen in Babylon fand man den gegabelten Stock an den Säulen eines Tempels. Aus derselben Zeit ist uns aus dem Kulturkreis der Hethiter ein Relief eines Rutengängers erhalten. Die Hethiter waren ein indogermanischer Stamm, der damals in die heutige Türkei eindrang.
Ca. 1900 v. Chr.: Aus dieser Zeit lesen wir im Alten Testament (Gen 44,5), daß Josef von Ägypten mit einem silbernen Becher weissagte. Von Josefs

Frau Asbeneth berichtet die Geschichte, daß sie in Ägypten Wasser mit einer Rute entdeckte.
Ca. 1500 v. Chr.: Flavius Josephus berichtet in seiner Geschichtsschreibung um 300 v. Chr., daß Moses eine Gabelrute anfertigte.
Ebenfalls aus der Zeit um 1500 v. Chr. stammen Berichte, wonach die Chaldäer eine Schutzgöttin der Rutenkunst verehrten, die sie Nin Gris Zida nannten.
Zur gleichen Zeit spielte im großen Wissen der Brahmanen in Indien die Kenntnis und praktische Anwendung der Rute mit Bezug auf Strahlen eine große Rolle.
Von etwa 1000 v. Chr. bis heute finden sich in Persien Hinweise auf radiästhetische Arbeit.

Aus der klassischen Zeit

Die Odyssee berichtet im 24. Gesang (24, 2) von der Rute (rhabdos), die beim Orakel in Delphi eine Rolle spielte.
Cicero (100–43 v. Chr.) spricht von der Wahrsagerute in *de divinatione* (17).
Plinius der Ältere († 79 n. Chr.) bezeichnet die Wünschelrute als das Werkzeug der „Wasserschmecker" *(aqualeges)*.
Amianus Marcelinus (375 n. Chr.) erwähnt den Pendelgebrauch für Orakelzwecke.
Auch den irisch-schottischen Missionaren (Kolumban, Korbinian u. a. m.) war nachweislich die Rute bekannt.

Aus dem Mittelalter

Im Nibelungenlied findet die Wünschelrute, *wunsciligerta* genannt, vielfach Erwähnung.
Die Werke der hl. Hildegard von Bingen (1098–1179) enthalten viel radiästhetisches Gedankengut.
Im Hochmittelalter taucht die Wünschelrute sogar in der höfischen Literatur auf, so zum Beispiel im *Parzival* von Wolfram von Eschenbach.
Gottfried von Straßburg (um 1200) und Konrad von Würzburg (um 1280) sprechen von der Gabe der *Würu*.
Das *Wiener Dokument* (um das Jahr 1420) zeigt eine Wassermutung.

Aus der Neuzeit

Das Testament des Benediktinermönches Basilius Valentin (1490) berichtet über Wassermutungen.
Im 15. und 16. Jahrhundert finden sich in der Literatur Hinweise auf den Gebrauch von Rute und Pendel im Bergbau.
Im 16. Jahrhundert befaßten sich u. a. Alexander Agricola (deutscher Komponist) und Paracelsus (alias Theophrast Bombast von Hohenheim; Arzt, Alchemist und Philosoph) mit der Radiästhesie.
Im Dreißigjährigen Krieg wurden Rutengänger bei verschiedenartigen Mutungen mit Erfolg eingesetzt.
Goethe nennt die Wünschelrute das *magische Reis*.
Dr. Hufeland (1762–1836) kann als Vorläufer der Reizzonenforschung angesehen werden. (Reizzone nennt man in der Radiästhesie eine Stelle, wo die Rute ausschlägt und der Pendel sich bewegt in der sensiblen Hand des Radiästheten.)
In den deutschen Kolonien in Afrika wurden Rutengänger und Pendler erfolgreich eingesetzt bei der Suche nach Wasser und Mineralien.

Aus der neuesten Zeit

In den beiden Weltkriegen wurden Radiästheten vor allem zum Aufsuchen von Verstecken, Höhlen und Minen eingesetzt.
Wie mir erzählt wurde, wurden im Zweiten Weltkrieg für Rommels Afrikakorps insbesondere Rutengänger und Pendler zwecks Auffindens unterirdischer Wassergänge rekrutiert.
Die Amerikaner setzten im Vietnam-Krieg trotz modernster sonstiger Ausrüstung Radiästheten ein.
In der Sowjetunion ist die Radiästhesie heute ein legitimes Gebiet der Wissenschaft. Die Radiästheten werden *Operatoren* genannt. Sie arbeiten nicht nur im Gelände, sondern auch von der Luft aus in Flugzeugen und Helikoptern. Eine Kommission kam zu dem Ergebnis: Die radiästhetische Arbeit funktioniert; sie ist die einfachste aller biophysikalischen Betätigungen.
Sehr gute Erfolge zeitigte auch die Zusammenarbeit von Radiästhesie und Archäologie. Beispiele dafür sind: die Entdeckung der Etruskerstadt Capena; Schacht- und Urnengräber in Mitteleuropa; in Rußland Grabungen am Burg-Kloster in Mozhaisk, Starocherkarsk usw.
In der Bundesrepublik Deutschland gibt es heute viele Ärzte, die sich neben ihrer rein medizinischen Tätigkeit auch der Radiästhesie bedienen. Ich

nenne hier nur einige Namen: Dr. med. E. Hartmann, Dr. med. M. Curry, Dr. med. D. Aschoff und der bekannte Krebsforscher Dr. med. J. Issels. Von den Radiästheten im engeren Sinne sei einer ganz besonders hervorgehoben: der französische Abbé Mermet († 1937). Er wird „Vater der Radiästhesie" genannt, da er die Radiästhesie, die ziemlich in Vergessenheit geraten war, gleichsam zu neuem Leben erweckte und klarstellte, daß sie eine natürliche Veranlagung ist. Es gab seit ihm auch keinen Radiästheten von Ruf, der so sensibel für Strahlen war und so treffsicher in seinem Muten. Weitere bedeutende Radiästheten sind: Hiller und Peyré, die das *Globalnetzgitter* entdeckten; Wittmann, der sich durch sein Studium über das *polare Feld* einen Namen machte; Straniak, der die *8. Großkraft der Natur* entdeckte; Benker, der Entdecker des *Kubensystems* (siehe Seite 47).

(Angelehnt an das Buch *Radiästhesie – Rute und Pendel – heute,* erschienen im Herold-Verlag, München; mit freundlicher Erlaubnis des Autors, Dr. C. M. Wetzel.)

I. THEORETISCHE RADIÄSTHESIE

So mancher aufmerksame Leser mag sich jetzt fragen, ob dieses Kapitel in einem Buch mit dem Titel *Strahlenfühligkeit – Umgang mit Rute und Pendel* überhaupt eine Berechtigung hat. Es wäre doch viel interessanter, wenn der Autor gleich in die Praxis der Radiästhesie einführen würde.
Nun ist es aber so, daß es kein rechtes Verständnis jedweder Praxis ohne vorausgehendes Erlernen der Theorie gibt.
Was dieses Buch über Radiästhesie anlangt, so kann dem Leser zum Trost gesagt werden, daß bereits der theoretische Teil zu dessen besserem Verständnis durch entsprechende Beispiele und Schilderungen „schmackhaft" gemacht worden ist.
Beginnen wir also mit der Erklärung einiger Grundbegriffe der Radiästhesie.

Grundbegriffe der Radiästhesie

Das Wort *Radiästhesie* besagt: *Strahlenfühligkeit mit den Instrumenten Rute und Pendel.* Mit anderen Worten: Dem Menschen ist es von Natur aus gegeben, Strahlen jedweden Stoffes (einschließlich des Menschen) festzustellen, zu unterscheiden und auf ihre Nützlichkeit und Schädlichkeit zu prüfen. Der Ausdruck Radiästhesie wurde von Abbé Bauly, Pfarrer in Hardelo (Nordfrankreich), geprägt und allgemein anstelle der langen Bezeichnung „Strahlenfühligkeit mit den Instrumenten Rute und Pendel" angenommen. Der Begriff Radiästhesie ist halb lateinischen (*radius* = Strahl) und halb griechischen (*ästhesie* = Fühligkeit) Ursprungs.

Radiästhet ist die Bezeichnung für Rutengänger und Pendler.

Rutengänger (kurz *Rutler* genannt) ist eine Person, die mit Hilfe einer Wünschelrute Strahlenfühligkeit nach außen hin zeigen kann, und zwar auch in bezug darauf, ob ein Ding nützlich oder schädlich ist.

Pendler (im radiästhetischen Sinn) ist eine Person, die mit Hilfe eines Pendels dasselbe tun kann.

Radiästhesist ist eine Person, die sich mit dem Gebiet der Radiästhesie beschäftigt, egal ob sie selbst strahlenfühlig ist oder nicht. Der Radiästhesist mißt z. B. mit Apparaten, ob ein Ort und wie stark dieser Ort durch Strahlen gestört ist. Er überprüft also die Mutung des Radiästheten. Der Radiästhesist weiß auch, wie durch Entstörungsapparate eine Störzone weitestgehend entstört werden kann.
Wie Strahlenfühligkeit nutzbringend eingesetzt werden kann, wird in Kapitel *II. Praktische Radiästhesie* gezeigt werden.

Die *empfindsame Hand:* Manche Menschen spüren Strahlen durch Kribbeln in der Hand oder durch eine Art Ziehen in den Muskeln der Finger.

Radiästhetisches Feld wird eine Stelle genannt, über der der Rutenausschlag und die Pendelzeichen in der Hand des Radiästheten zu beobachten sind. Weitere Bezeichnungen dafür sind: *bestrahltes Feld, Kraftfeld, Reizstreifen, Reizzone, Störzone, geopathogene Zone* usw.
In meinen Ausführungen benütze ich der Kürze halber meist das Wort „Störzone".
Die Reize, die durch Strahlen irgendwelcher Objekte an solchen Stellen auftreten, bewirken den erwähnten Rutenausschlag und die Pendelzeichen.

Radiästhetische Arbeit bezeichnet Rutengehen und Pendeln. Ein anderer prägnanter und allgemein gebräuchlicher Ausdruck dafür ist *Muten*. Mit dem Wort „Muten" will der Radiästhet in aller Bescheidenheit aussagen, daß seine Arbeit mit Rute und Pendel keine hundertprozentige Sicherheit gewährleistet.

Weitere Begriffe, die der Radiästhesie eigen sind, finden sich im Text und werden dort erklärt werden.

Im voraus sei auch noch darauf hingewiesen, daß man in der Radiästhesie dem Wort „Pendel" den männlichen Artikel gibt. So hat es die Dreiländer-Konferenz der Radiästheten (Bundesrepublik Deutschland / Schweiz / Österreich) beschlossen.
In der Radiästhesie sagt man also „*der* Pendel" und in der Physik „*das* Pendel".

Strahlen, Fühligkeit, Rute, Pendel

Unter den vorgenannten Grundbegriffen bedürfen die oben angeführten einer genaueren Erklärung.

Strahlen

Was sind *Strahlen?* Strahlen sind Linien oder Bündel von Linien, die von einem Gegenstand ausgehen.

Jeder Gegenstand strahlt aus. Diese seine Strahlen haben eine doppelte Wirkung:

– Sie umgeben den Gegenstand; hüllen ihn gleichsam ein. Diese Hülle nennt man: *Aura, Corona, Astralleib.*
– Solche Strahlen haben aber auch eine eigene Kraft. Man nennt diese Kraft den *Grundstrahl* eines Gegenstandes.

Dieser Grundstrahl durchstößt den Bereich der Aura und bestrahlt jeden anderen Gegenstand, der in seine Nähe kommt. Den Bereich der Kraft eines Grundstrahls nennt man: radiästhetisches Feld, bestrahltes Feld, Kraftfeld, Reizstreifen, Reizzone, Störzone, geopathogene Zone usw. (siehe Seite 18).

Der Grundstrahl haftet sich als fremde Strahlkraft auch jedem anderen Gegenstand an. Man nennt diese *Od.* Sie haftet also auch dem Radiästheten und seinen Instrumenten an. Deshalb muß der Radiästhet vor jeder Mutung sich und seine Instrumente *entoden,* d. h. frei machen von fremder Strahlkraft. Über das Entoden wird später berichtet (siehe Seite 28).

Der Nutzen der radiästhetischen Arbeit liegt also darin, einen Gegenstand auf seinen Grundstrahl zu prüfen, um so Aufschluß über den Nutzen oder den Schaden, den der Grundstrahl bewirken kann, zu erhalten.

Es gibt zwei Methoden, den Grundstrahl eines Gegenstandes zu entdecken:

– Die eine Methode befaßt sich mit dem Gegenstand selbst. Jeder Gegenstand hat seine eigene Strahlenart und -zahl. Diese kann sowohl der Rutengänger wie auch der Pendler „erfragen". Sie wird, weil sie sich direkt mit

der Materie befaßt, die *materielle Methode* (= Methode der Kennzahl) genannt.
– Die andere arbeitet „intuitiv"; sie wird deshalb die *mentale* (= geistige) *Methode* genannt.

Die mentale Methode

Die mentale Methode ist wohl die ältere und die einzige, die seit uralten Zeiten gehandhabt wird. Sie hat auch den Namen Radiästhesie (= Strahlenfühligkeit) geprägt. Deshalb erkläre ich die mentale Methode zuerst. Diese Vorgangsweise bietet Gelegenheit, den Grundbegriff *Fühligkeit* zu erklären.

Fühligkeit

Wie wir in der Einführung hörten, ist Strahlenfühligkeit für uns Menschen eine natürliche Veranlagung.
Sie kommt in uns auf folgendem Weg zustande: Der Grundstrahl eines fremden Objekts berührt unser Nervensystem, sobald wir ins radiästhetische Feld des Objekts kommen. Das Nervensystem meldet den Reiz des fremden Objekts weiter ans Gehirn. Das Gehirn, das ebenfalls Strahlkraft besitzt – denn: „Alles strahlt" –, untersucht den Eindringling auf dessen Grundstrahl, ob dieser nützlich oder schädlich ist.

Mermet hat sich bemüht, Klarheit in diesen Fühligkeitsprozeß zu bringen. Er nannte den Strahl, der vom Gehirn ausgeht, *Gehirn-* oder *Kopfstrahl.* Der Ausdruck Kopfstrahl gehört zum festen Wortschatz der radiästhetischen Literatur. Nach Mermet lautet das *Prinzip der Radiästhesie* folgendermaßen: Bringt der Kopfstrahl mit dem Grundstrahl des fremden Objekts Resonanz zustande, so zeigt sich dies nach außen hin mit Hilfe von Rute und Pendel in der fühlenden Hand des Radiästheten.

Wie auf diese Weise Rutenausschlag und Pendelzeichen zustande kommen, ist noch nicht geklärt. Man kann es vergleichen mit dem Mitklingen einer Saite im Klavier, wenn neben dem Klavier eine Tongabel den gleichen Ton anschlägt.

Tiere reagieren auf Reizzonen instinktiv, wie in den Ausführungen über Strahlenflüchter und Strahlensucher (siehe Seiten 48–51) gezeigt wird. Auch Pflanzen, Sträucher und Bäume reagieren auf Reizzonen.

Was den Begriff Kopfstrahl anlangt, so wehrte sich Mermet sein Leben lang dagegen, daß man ihn als Urheber der Rutenausschläge und Pendelzeichen ansah. Er war sich dessen bewußt, daß diese Ansicht der Autosuggestion zu nahe kommt und somit die Radiästhesie in den Ruf der Magie bringt. Vielmehr war er davon überzeugt, daß die Strahlenfühligkeit die folgenden drei Stufen durchlaufen muß, damit Resonanz zwischen Kopfstrahl und Grundstrahl zustande kommt:

1   Die erste Stufe nannte Mermet *concentration mentale* (zu deutsch: *geistige Konzentration*). Diese Konzentration verlangt vom Radiästheten, daß er sich ganz frei macht von allen anderen Gedanken und sich nur auf seine radiästhetische Arbeit besinnt.

2   Die zweite Stufe bezeichnete er als *orientation mentale* (zu deutsch: *geistige Orientierung*). Hierbei stellt sich der Radiästhet auf ein bestimmtes Objekt ein, z. B. auf eine Wasserader, die vielleicht die Störzone verursacht.

3   Die dritte Stufe nannte Mermet *interrogation mentale* (zu deutsch: *geistige Befragung*). Nach seiner Auffassung darf diese Befragung aber nicht vom Verstand ausgehen. Diese geistige Befragung läßt sich am besten mit den folgenden Worten ausdrücken: „wenn – dann". Klarer gesagt: *Wenn* der Grundstrahl, der die Störzone bewirkt, das mutmaßliche Objekt ist, *dann* soll die Rute ausschlagen bzw. der Pendel rotieren, um mit „Ja" zu antworten. Durch diese Einstellung „wenn – dann" überläßt der Radiästhet den Rutenausschlag und das Pendelzeichen ganz seiner Strahlenfühligkeit, um damit Wunschdenken auszuschließen.
Mermet arbeitete nur mit dieser rein mentalen Methode und mutete damit mit 99%iger Sicherheit.
Auch die vorliegende Abhandlung schließt sich seiner Methode an. Die drei Stufen der mentalen Methode werden dabei mit *CM-OM-IM* abgekürzt. Freilich könnte beim Lesen der Eindruck entstehen, diese Methode sei umständlich und kompliziert. Für den geübten Radiästheten ist sie jedoch „3 in 1"; d. h. er beginnt jede radiästhetische Arbeit mit der Einstellung CM-OM-IM als selbstverständlichen Zugang zu jeder Mutung. Er mutet mit dieser Methode mit 99%iger Sicherheit, wenn er die dazu erforderli-

chen Bedingungen beachtet. Dies gilt auch in gleicher Weise für die materielle Methode. Doch zuvor wird der Leser wohl mit Recht die Frage stellen: Besitzt jeder Mensch in gleicher Weise Strahlenfühligkeit? Die Antwort lautet: *nein.* Die Strahlenfühligkeit ist bei den verschiedenen Menschen verschieden stark ausgeprägt.

Ungleiche Strahlenfühligkeit

Wenn auch jeder Mensch von Natur aus Strahlenfühligkeit besitzt, so hat sie doch nicht jeder im gleichen Maß.

Man kann hierbei drei Gruppen unterscheiden:

– Die erste Gruppe bilden die *Locker-Gelösten.* Ihnen ist das Muten gleichsam in die Wiege gelegt. Sie nehmen eine Rute in die Hand, und wenn sie in den Bereich einer Störzone kommen, schlägt sie aus; nehmen sie einen Pendel in die Hand, so zieht er Pendelzeichen. Zu den Locker-Gelösten kann man die Naturvölker zählen. Auf solche traf ich in Schwarzafrika. Diese Menschen haben noch ruhige Nerven und sind noch unberührt von den vielfachen Strahlen unserer modernen Technik.

– Zur zweiten Gruppe zählt man die *Feinnervigen,* die *Sensiblen.* Auch sie können auf Anhieb muten oder erlernen es mit Leichtigkeit.

– Die dritte Gruppe wird von jenen gebildet, die zum Muten weniger taugen.
Es sind dies:
a) die *intellektuell Überlagerten.* Sie wollen nicht glauben, daß es Strahlenfühligkeit gibt, die sich nach außen hin mit Hilfe von Rute und Pendel zeigen kann.
b) die *Übernervösen.* Sie sind nicht mehr fähig, Reize von Störzonen aufzunehmen.
c) die *Konzentrationsgestörten.* Auch ihnen gibt Abbé Mermet Hoffnung. Er pflegte zu sagen: „Wenn du pendeln lernen willst, so sag dir morgens beim Erwachen und abends beim Schlafengehen ein dutzendmal: ‚Ich kann pendeln' – und du wirst es lernen."

Die materielle Methode

Die materielle Methode versucht, das Objekt von seinem Grundstrahl aus zu finden. Sie beruht auf der Tatsache, daß jedes Ding seine ihm eigene Anzahl von Rutenausschlägen und Pendelschwingungen auslöst. Schon Mermet wies auf diese Methode hin; da er aber die Gewißheit hatte, daß er mit seiner mentalen Methode mit 99%iger Sicherheit richtig mutete, befaßte er sich nicht eingehender mit der materiellen Methode. Sie erfordert nämlich eine lange Geduldprobe. Ein Beispiel möge dies zeigen: Ein Pendler entdeckt mit seinem Pendel eine Störzone. Er bleibt stehen, wo sein Pendel den vollkommensten Kreis zieht. Jetzt „vereinbart" er mit seinem Pendel folgendes: Das Objekt dieser Störzone möge sich ihm an den Arten und der Anzahl der Pendelzeichen zu erkennen geben. Der Pendel begibt sich jetzt zunächst in die Ruhestellung; danach beginnt er eine bestimmte Art von Zeichen zu ziehen (Kreise, Ellipsen oder Striche). Der Pendler zählt deren Anzahl, bis sein Sensorium ihm sagt, daß diese Art von Pendelzeichen im Abklingen ist. Eine Begleitperson notiert die Anzahl, bei Strichen auch die Himmelsrichtung. Nachdem der Pendel in die Ruhestellung gekommen ist (der Pendler darf ihn dazu in seinem Ausschwingen anhalten), fängt er eine andere Serie von Zeichen zu ziehen an, und zwar wieder eine der oben angeführten Arten. Auch die Anzahl dieser Pendelzeichen wird notiert. Der Pendler spürt auch jetzt in seinem Sensorium das Ende dieser Serie von Pendelzeichen. Wiederum bringt er den Pendel in die Ruhestellung und wartet, ob er eine zusätzliche Serie von Zeichen zieht oder ob die erste sich wiederholt, gefolgt von der zweiten. Wie die Katze geduldig vor dem Mausloch sitzt und ihr Auge nicht davon abwendet, so muß auch der Pendler seine ganze Aufmerksamkeit bei der materiellen Methode auf seinen Pendel richten und wenigstens dreimal die diesem Objekt eigenen Pendelzeichen zählen und ihre Anzahl notieren, um die Ergebnisse nachher zu vergleichen. Hat der Pendler sich dessen versichert, daß die Pendelzeichen in den drei Phasen übereinstimmen, dann teilt er die Summe der Pendelzeichen – gemäß der Lehre der materiellen Methode – durch 2. Dadurch erhält er die *Kennzahl* des betreffenden Objektes.
Das folgende Beispiel vom Muten einer unterirdischen Wasserader nach materieller Methode soll das eben Gesagte noch besser verständlich machen: Bei jeder Phase zählt der Pendler 14 Pendelzeichen – einmal 6 Kreise, 3 Ellipsen und 5 Striche, ein andermal eine andere Anzahl von Kreisen, Ellipsen und Strichen. Diese in jedem Versuch erreichte Summe von 14 Pendelzeichen teilt man also durch 2 und erhält damit „7" als Kennzahl von Wasser.

Der Pendler kann auf diese Weise die Kennzahl jedweden Objektes bestimmen, die so ermittelten Kennzahlen in einer Liste zusammenfassen und sie gelegentlich mit den von Radiästheten, die sich auf diese Methode spezialisiert haben, ermittelten Werten vergleichen. Auch mit der Rute – im konkreten Fall mit einer Kugellagergriffrute, damit sie nicht nur ausschlagen, sondern auch rundrollen kann – kann der Rutengänger mit dieser materiellen Methode arbeiten.
Ein Sprichwort sagt: Doppelt genäht hält besser. Deshalb ist es ratsam, die erste Methode, mit der man gemutet hat, durch die andere zu überprüfen.

Es gibt einen ebenso schnellen wie sicheren Weg, die mentale Methode mit Hilfe der materiellen zu überprüfen. Ich nenne ihn die *kombinierte Methode*.

Die kombinierte Methode

Bei der kombinierten Methode mutet der Pendler zunächst nach mentaler Methode. Dann bringt er den Pendel nochmals in die Ausgangs-(= Ruhe-) Stellung (siehe Seite 31), läßt ihn stark schwingen und nimmt dann etwas von dem Stoff, den er gemutet hat, in die andere Hand. Hört der Pendel auf zu schwingen, so hat er den Beweis dafür, daß er mit seiner mentalen Methode das Objekt richtig gemutet hat. Ist das Objekt flüssiger Art, so nimmt er im gegebenen Augenblick ein Fläschchen des flüssigen Stoffes in die andere Hand, und auch in diesem Fall stimmt die mentale Mutung, wenn der Pendel aufhört zu schwingen.

Zur Mutung eines Hohlraumes nimmt der Pendler ein leeres Röhrchen und erzielt damit das gleiche Ergebnis. Hier kann der Pendler leicht seine Fühligkeit überprüfen, wenn er im Erdgeschoß einer Wohnung die Probe mit dem leeren Röhrchen macht. Hat die Wohnung einen Keller, so hört der Pendel auf zu schwingen.
Den gleichen Test kann der Rutengänger mit der Rute machen. Er nimmt von dem Stoff, den er mutet, etwas in die eine Hand, und zwar zusammen mit dem Zinken der Rute. Auch der Rutenausschlag wird die Mutung bejahen oder verneinen.

Dieses Kapitel über die Fühligkeit nach mentaler und materieller Methode wird der Leser leichter verstehen, wenn er zuerst die Kapitel über *Rute* und *Pendel* gelesen hat.

Rute

Die Rute ist ein Werkzeug, mit dessen Hilfe der Radiästhet seine Strahlenfühligkeit nach außen hin zeigen kann.

Das Material der Rute kann von sehr verschiedener Art sein: Holz, Metall, Fischbein usw.

Die Holzgabel wird wohl die älteste Art der Rute sein. Sie kann von jeder Art Holz geschnitten werden. Man sagt, daß der Haselnußstrauch die beste Rute gibt, d. h. daß eine solche Rute den besten Ausschlag zeigt. Aber auch andere Holzarten geben guten Rutenausschlag, so z. B. Buche, Weide usw. In erster Linie ist dafür allerdings die Fühligkeit des Rutlers maßgeblich. Die *Holzrute* kann auch benützt werden, wenn sie schon ausgetrocknet ist; jedoch bricht sie dann leicht, wenn man den Ausschlag aufhalten will. Die Abmessungen der Rute: Die Länge der beiden Gabeln soll 30 bis 40 cm, die Dicke jeder Gabel 4 bis 8 mm betragen. Die Rute darf nicht zu kurz abgeschnitten werden; wenigstens 2 cm sollen als *Suchspitze* hinzugegeben werden. Die Suchspitze dient als Antenne. Ich lernte einen Rutengänger kennen, der sich zum Muten eines kleinen Zweiges bedient; die eine Gabel mißt dabei ca. 15 cm, die andere ist um die Hälfte kürzer. Den längeren Rutenschenkel hält er in der rechten Hand; mit dem kürzeren berührt er die Innenfläche seiner linken Hand. Er mutet auf diese Art mit gutem Erfolg.

Die *Metallrute:* Alle Metalle können als Rute benützt werden (z. B.: Eisen, Kupfer, Messing, Silber, Gold). Auch Metall in Spiralenform kann zum Muten verwendet werden.
Als beste Metallrute wird jene aus Messing angesehen, weil Messing sich sechsfach durchstrahlen läßt.
Die Suchspitze kann U-förmig oder geschleift sein. Wenn sie geschleift ist, soll der Längsdurchmesser der Schleife ca. 5 bis 10 cm betragen.

Drei Arten von Metallruten verdienen es, erwähnt zu werden:

1 Die *Flachenegger-Rute,* so genannt nach ihrem Erfinder. Die Maße dieser Rute werden angegeben mit 70 cm Gesamtlänge bei 2 mm Dicke. Jedoch ist eine solche mit einer Länge von 60 cm bei einer Dicke von 4 mm in meiner Hand noch fühliger. Für die Flachenegger-Rute soll Messingschweißdraht verwendet werden.

2   Die *Kugellagergriffrute* ist empfehlenswert, da das Kugellager der Rute ermöglicht, frei zu rollen.

3   Die *Gabelrute,* auch *Winkel-, Pendel-* oder *Vertikalrute* genannt, besteht aus zwei Gabeln, die beide im rechten Winkel gebogen sein müssen. Die Abmessungen jeder der beiden Gabeln betragen 11 × 25 cm. Der Handgriff mißt 25 cm und der im rechten Winkel dazu gebogene Teil 11 cm. Ein Kugellager soll die beiden Teile verbinden, damit der kleinere Teil frei schwingen kann. Auch für diese Art Rute kann jede Art Metall verwendet werden.

Rutenhaltung in Ausgangsstellung

1   Holz- und Metallrute hält man bei jeder Mutung horizontal vor sich hin; dabei müssen Oberarm und Unterarm im rechten Winkel zueinander stehen. Die Haltung des Oberkörpers muß aufrecht sein; der Oberkörper darf nicht nach vorne geneigt sein, da sonst die Ausstrahlung des Gesichtes den Ausschlag der Rute beeinflussen würde, denn gerade das Gesicht strahlt stärker aus als alle anderen Körperteile.

2   Für die Gabelrute gilt grundsätzlich dasselbe, nur sind hier die Rutenschenkel senkrecht nach oben und die beiden Gabeln parallel zueinander nach vorne gerichtet.

Rutengriffe

1   Für die Gabelrute gibt es nur den einen Griff, wie er oben erklärt wird.

2   Für Holz- und Metallruten gibt es folgende drei Arten von Griffen:

– *Untergriff:* Beim Untergriff schauen die Handrücken nach unten; man hält also die Hände so, als ob man etwas in Empfang nehmen möchte. Die Rutenschenkel hält man mit vier Fingern fest; die beiden Daumen sind – gleichsam als Antennen – nach außen gerichtet.
– *Obergriff:* Für den Obergriff gilt gerade das Gegenteil, d. h. also: Handrücken nach oben, Daumen nach innen; die anderen Finger halten die Rute fest (wie beim Untergriff).

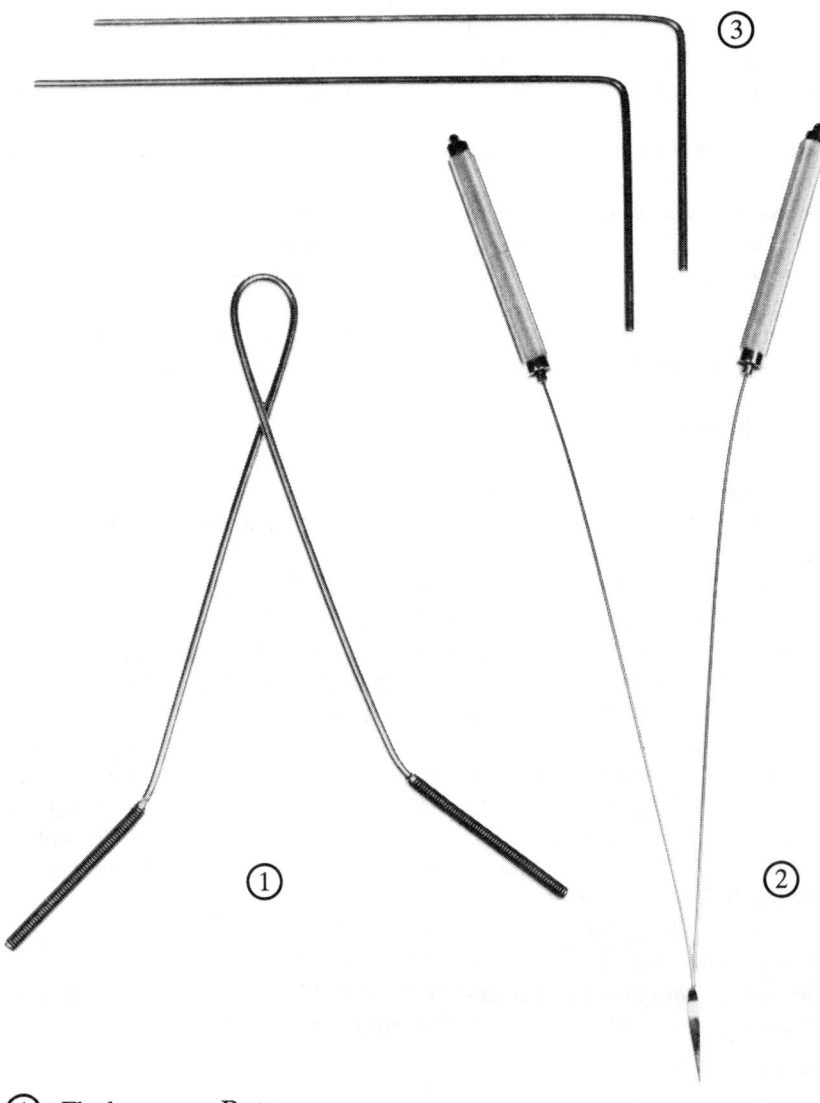

① Flachenegger-Rute
② Kugellagergriffrute
③ Winkelrute

– *Wechselgriff:* Beim Wechselgriff hält die eine Hand den Rutenschenkel im Untergriff, die andere im Obergriff. Es ist dabei ohne Bedeutung, welche Hand den Untergriff und welche den Obergriff ausführt.

Zweck der verschiedenen Rutengriffe:

Im allgemeinen ist zu sagen, daß der Untergriff der empfindlichste ist. Er kann zu jeder Art von Mutung benützt werden. Es ist Sache jedes Rutengängers, herauszufinden, welcher für ihn der geeignetste Rutengriff ist.

Tests zur Überprüfung, ob jemand Rutler ist

1 Vorbereitung

Die Vorbereitung besteht im Entoden.
Auf Seite 19 wurde schon gesagt, daß entoden sich frei machen von etwaigen fremden Strahlkräften heißt.
Vorgang der Entodung: Der Radiästhet (also der Rutler, der Pendler, der, der die „empfindsame Hand" hat) muß sich zunächst die Hände waschen und sie gut abtrocknen, aber nicht einfetten. Er darf kein Metall an sich oder in seiner Nähe haben und soll niemandem die Hand reichen, um so nicht wieder mit einem Od behaftet zu werden.
Auch Rute und Pendel müssen entodet werden: Die Rute wird zur Entodung mit weichem Stoff abgerieben und in die Sonne gelegt. Der Pendel wird zur Entodung für einige Sekunden unter einen kalten Wasserstrahl gehalten, dann leicht abgetrocknet und ebenfalls in die Sonne gelegt. Außer dem Radiästheten soll von jetzt an niemand die Rute oder den Pendel in die Hand nehmen.
Feste Dinge, die gemutet werden sollen (z. B. Kleidungsstücke), sollen gewaschen und danach auf entodetes Material gelegt werden.
Was nicht gewaschen werden kann (Eßwaren, Medikamente, Fotos, Briefe etc.), soll für drei Stunden der Sonne ausgesetzt werden.

2 Die Tests

a) Test mit Selbstbeeinflussung
Der Kandidat nimmt die Rute in Ausgangsstellung (siehe Seite 26). Der Platz, wo er steht, muß zuvor von einem Radiästheten für störzonenfrei be-

funden worden sein. Nun gibt der Prüfling der Rute nacheinander die Befehle, sich zu senken, sich zu heben und (im Fall einer Rute mit Kugellager) zu rotieren. Folgt die Rute allen Befehlen, so ist der Test bestanden.

b) Test ohne Selbstbeeinflussung
Man vergräbt ein Stück Eisen und heißt den Prüfling, es zu finden; oder man stellt ihm die Aufgabe, im freien Gelände eine Ader zu muten. In der Praxis beweist jeder Prüfling seine Strahlenfühligkeit mit der Rute durch jede Mutung, die sich als echt erweist.

Pendel

Der Pendel ist das andere Werkzeug, mit dem der Radiästhet seine Strahlenfühligkeit nach außen hin kundtun kann.

Auf Seite 13 dieser Abhandlung wurde schon berichtet, daß die Felsenbilder von Tassili (6000 v. Chr.) Pendel und Rute zeigen.

Das Material des Pendels kann aus verschiedenen Stoffen bestehen: Bernstein, Kupfer, Messing, Silber, Gold etc. Man sagt, *Bernstein-Pendel* seien die besten.

Ein sehr einfacher und doch guter Pendel kann aus einer Eichel hergestellt werden. Die Eichel muß noch frisch und gleichmäßig geformt sein. Die Spitze soll nicht abgebrochen werden, damit sie als Antenne dienen kann. Ein ca. 4 cm langer und 2 mm dicker Kupferdraht wird in U-Form gebogen und dann in die noch weiche Fläche der Eichel, die aus ihrer Hülse genommen wurde, hineingedrückt. Die U-Form des Drahtes läßt man etwas aus der Eichel herausstehen, damit man durch sie eine Aufhängevorrichtung ziehen kann. Sodann ist der *Eichel-Pendel* gebrauchsbereit.

Aufhängevorrichtung des Pendels

1 Damit der Pendel schwingen kann, muß er eine Aufhängevorrichtung haben. Diese kann verschiedener Art sein: ein Faden, eine Schnur oder ein Kettchen aus jeder Art von Metall. Im Fall, daß man sich eines Fadens oder

einer Schnur bedient, dürfen diese keine Fasern haben, sonst entweichen die Strahlen, die vom „Sitz" der Fühligkeit her kommen, durch diese Fasern, bevor sie den Pendel in Bewegung bringen können.

2 Die Länge der Aufhängevorrichtung muß jeder Pendler für sich herausfinden. Dazu rollt er die Aufhängevorrichtung zweckmäßigerweise an einem Stück Holz auf, und während der Pendel schwingt, rollt er Faden, Schnur oder Kettchen langsam ab, bis der Pendel die größte Schwingung erhält. Die auf diese Weise erhaltene Länge soll der Pendler sich für immer merken. Den übrigen Teil soll er abzwicken oder ihn zwischen Daumen und Zeigefinger, die die Aufhängevorrichtung halten, zusammengeknüllt halten. Er darf keine zweifache Antenne dulden, die dadurch entstünde, daß er den übrigen Teil der Aufhängevorrichtung herunterhängen läßt. Hat das obere Ende des Kettchens einen Ring, so soll er diesen über einen Finger stülpen.

Form des Pendels

Der Pendel kann kugelrund, eichelförmig, tropfenförmig spitz oder spiralenförmig sein.
Er kann auch einen Hohlraum haben; einen solchen Pendel nennt man Hohlpendel. Der Hohlpendel dient zum kombinierten Muten nach mentaler und materieller Methode. Dazu füllt man den Hohlraum des Pendels mit dem Stoff, den man muten will. Falls kein Hohlpendel zur Verfügung steht, soll so gemutet werden, wie dies auf Seite 24 beschrieben wird.

Gewicht des Pendels

Für das Gewicht des Pendels gibt es keine besonderen Vorschriften. Zum Pendeln im Freien nimmt man einen schweren Pendel, z. B. einen *Maurer-Pendel,* sodaß er vom Wind nicht in seiner Schwingung gestört werden kann.
Zum Pendeln in einem geschlossenen Raum genügt ein leichter Pendel.

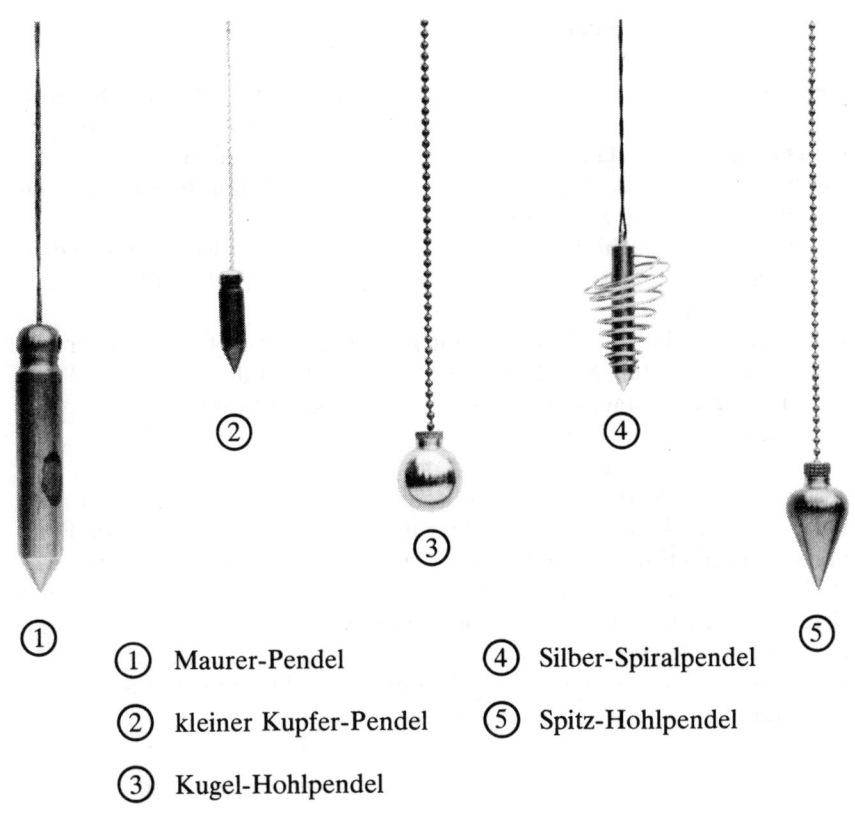

① Maurer-Pendel ④ Silber-Spiralpendel

② kleiner Kupfer-Pendel ⑤ Spitz-Hohlpendel

③ Kugel-Hohlpendel

Pendelhaltung (Ausgangsstellung)

1 Beim Muten im Freien

Der Pendel wird zwischen Daumen und Zeigefinger am oberen Ende der Aufhängevorrichtung gehalten. Die anderen Finger können gespreizt oder nach innen gebogen sein und die Handfläche berühren. Jeder Pendler probiert für sich, welche der beiden Möglichkeiten für ihn die beste ist.
Der Handrücken muß nach oben schauen. Arm und Hand, die den Pendel halten, sollen eine waagrechte Linie bilden.
Der Rechtshänder hält die Pendel in der rechten Hand, der Linkshänder in der linken. Den anderen Arm läßt man lose nach unten hängen mit gespreizten Fingern, die so eine zusätzliche Antenne bilden.

2 Beim Muten an einem Tisch

Der Muter sitzt an einer reizfreien Stelle auf einem hölzernen Stuhl in Nord-Süd-Richtung, also mit dem Gesicht nach Süden. In dieser Stellung mutet er am besten, da er vom magnetischen Meridian durchflutet wird. Er soll mit einem Kompaß die genaue Nord-Süd-Richtung bestimmen, um eine falsche Mutung zu verhindern.

Der Pendler darf auch – in Nord-Süd-Richtung – am Tisch stehen. Auf dem Tisch liegt auf einem isolierenden Material (weißes Papier oder Löschblatt) der zu mutende Gegenstand.

Der Pendel wird jetzt in Ruhestellung im Abstand von 2 bis 3 cm über den Gegenstand gehalten. Man kann den Pendel auch vor den Gegenstand halten, und wenn er anfängt zu schwingen, ihn langsam etwas vom Gegenstand entfernen, sodaß er nicht daran anschlägt.

Die andere Hand muß entweder flach auf den Tisch gelegt werden, und zwar ziemlich nahe dem Gegenstand; sie kann auch, wenn der Pendler sitzt, flach ausgestreckt auf dem Knie derselben Körperhälfte liegen. Die Füße müssen flach auf dem Boden stehen; sie dürfen nicht gekreuzt sein.

Will der Pendler für jemand anderen muten, so soll dieser an seiner Seite sitzen oder stehen und seine Hand neben den zu mutenden Gegenstand flach auf den Tisch legen. Der Muter selbst soll hierbei seine freie Hand nicht auf den Tisch, sondern auf sein Knie legen. Der zu mutende Gegenstand muß genau vor dem Pendler liegen.

Vorbereitung zum Pendeln

Zu dem, was auf Seite 28 schon gesagt wurde, soll noch hinzugefügt werden:

– Nikotin und Alkohol darf der Radiästhet nur in mäßigen Mengen genießen.
– Wer zu viele Medikamente zu sich nehmen muß, ist in seinem Muten unzuverlässig.
– Man soll nicht muten, wenn man sich seelisch oder körperlich nicht wohl fühlt.
– Bei regnerischem und trübem Wetter, bei Föhn oder Sturm sowie bei einem herannahenden Gewitter ist es zwecklos, zu muten.

Tests zur Überprüfung, ob jemand Pendler ist

1 Vorbereitung (siehe Seite 28)

2 Die Tests

a) Test mit Selbstbeeinflussung
Der Kandidat hält den Pendel zunächst in Ausgangsstellung (siehe Seite 31). Dann befiehlt er dem Pendel, Striche zu ziehen – zuerst solche von ihm weg, dann solche quer zu ihm. Anschließend befiehlt er ihm, Kreise zu schwingen: zuerst von links nach rechts, dann von rechts nach links. Schließlich befiehlt er dem Pendel, vom Kreis in eine Ellipse überzugehen. Gehorcht der Pendel allen Befehlen, so hat der Kandidat die Prüfung bestanden.
Ein kleiner Test mit Selbstbestimmung: Der Kandidat befiehlt dem Pendel, ihm die Nord-Süd-Richtung anzuzeigen. Tut der Pendel dies und stimmt sie genau mit dem Kompaß überein, so hat der Kandidat den Test bestanden und sich dadurch als „leibhaftiger Kompaß" erwiesen.

b) Test ohne Selbstbeeinflussung
Der Kandidat steht an einem störzonenfreien Platz in Nord-Süd-Richtung, Die Nord-Süd-Richtung wird ihm in diesem Fall durch einen Kompaß vorbestimmt. Sein Rücken ist gegen Norden gerichtet. Er hält seinen Pendel über dem Rücken seiner Hand – der Rechtshänder über der linken Hand und der Linkshänder umgekehrt. Nach einigen Augenblicken muß der Pendel in Nord-Süd-Richtung ausschlagen. Wenn der Pendel stark nach Nord-Süd ausschlägt, dreht der Pendler langsam seine Hand (Handfläche nach oben), und der Pendel schlägt jetzt in Ost-West-Richtung aus. Führt der Pendel diese beiden Schwingungen aus, so ist der Test bestanden.

Rutenausschläge und Pendelzeichen

1 Rutenausschläge

Die Strahlenfühligkeit zeigt sich in der sensiblen Hand des Rutlers in der Form folgender Ausschläge:

– Die Rute kann nach unten oder nach oben ausschlagen.

- Falls sie ein Kugellager besitzt, kann sie auch rundrollen, und zwar dem Rutler zu oder von ihm weg.
- Die Rute kann auch kurz aufzucken.
- Sie kann schließlich leicht und unstet irritieren.

2 Pendelzeichen

Der Pendel kann in der Hand des Pendlers folgende Zeichen ziehen:

- einen Kreis im Uhrzeigersinn (von links nach rechts)
- einen Kreis entgegen dem Uhrzeigersinn
- eine Ellipse; diese ist oft bei Frauen der Fall und hat die gleiche Bedeutung wie der Kreis
- einen vertikalen Strich, d. h. vom Pendler weg
- einen horizontalen Strich, d. h. quer zum Pendler

Bevor wir uns fragen, was die verschiedenen Rutenausschläge und Pendelzeichen bedeuten, müssen wir wissen, wodurch sie *in ihrer Verschiedenheit* hervorgerufen werden.

Wir wissen schon, daß Rutenausschläge und Pendelzeichen hervorgerufen werden, wenn der Grundstrahl eines Objektes mit dem Kopfstrahl in Resonanz kommt (siehe Seiten 20 und 21).

Aber warum entstehen verschiedene Formen von Rutenausschlägen und Pendelzeichen?

Mit der Antwort auf diese Frage lüften wir ein weiteres Geheimnis der Radiästhesie. Wir lernen die Ruten- und Pendelsprache. Der Schlüssel zu diesem Geheimnis ist die Polarität.

Polarität

1 Was besagt Polarität?

Wo es Strahlen gibt, muß es auch etwas geben, von dem sie ausgehen. Diesen Kern benannte die Physik mit dem Ausdruck *Pol.* Es wurden zwei gegensätzliche Strahlenkräfte entdeckt, die aber doch aufeinander hinbezogen sind. Diese Hinbezogenheit nennt man Polarität. Deren Gegensätzlichkeit gibt man mit plus und minus wieder; abgekürzt wird plus mit + und minus mit – bezeichnet. Plus wird auch positiv und minus wird negativ genannt. So spricht man in der Physik wie in der Radiästhesie von plus- oder minuspolig und mit gleicher Bedeutung von positiv und negativ gepolt. Diese Begriffe wollen keine Qualität von Pol und Polstrahl, sondern nur deren Gegensätzlichkeit ausdrücken.

2 Wie findet der Radiästhet seine Polarität?

a) Mit Selbstbestimmung
Rute und Pendel gehorchen ihrem Herrn wie ein folgsamer Hund. So kann der Rutler seine Rute in Ausgangsstellung halten (siehe Seite 26) und ihr befehlen, ihm durch ihren Ausschlag seine Polarität für positiv und negativ anzuzeigen. Ebenso macht es der Pendler. Die Haltung des Pendels in Ausgangsstellung wird auf den Seiten 31 und 32 erklärt. Den jeweiligen Ausschlag der Rute und das betreffende Zeichen, das der Pendel gibt, muß sich der Radiästhet sein Leben lang merken, um richtig muten zu können.

b) Ohne Selbstbestimmung (mit Hilfe eines Kupfer- und Zinkplättchens)
Aus der Physik wissen wir, daß Elektrizität und Kupfer gegenpolig sind, sonst wäre Kupferdraht kein geeigneter Leiter für den elektrischen Strom, denn Gleichpoliges stößt sich ab. (Elektrizität ist pluspolig, Kupfer minuspolig.)
Der *Rutler* findet nach diesem Prinzip seine ihm eigene Polarität mit Hilfe eines Kupferplättchens auf folgende Weise: Er hält seine Rute in Ausgangsstellung über einem Plättchen Kupfer. Es ist kein bestimmtes Maß für das Kupferplättchen vorgeschrieben. Schlägt die Rute des Radiästheten nach unten, also dem Kupferplättchen zu, so ist dieser Radiästhet gegenpolig zu Kupfer, d. h. er ist *positiv gepolt*. Stößt das Kupferplättchen aber die Rute ab (Ausschlag also nach oben), so ist der Radiästhet *minuspolig*.
Der *Pendler* führt mit seinem Pendel ebenfalls eine Mutung über dem Kupferplättchen durch. Schwingt der Pendel über dem Kupferplättchen eine Linksdrehung, so ist der Pendler rechtspolig.
Schwingt der Pendel aber eine Rechtsdrehung, d. h. im Uhrzeigersinn, so ist der Pendler linkspolig.
Der Pendler kann dieses Ergebnis an einem Zinkplättchen überprüfen. Zink ist positiv gepolt. Rutenausschläge und Pendelkreise werden also entgegengesetzt sein. Daraus ersieht jeder Pendler seine ihm eigene Polarität. Somit kann nun die folgende Liste der Ruten- und Pendelsprache aufgestellt werden.

3 Liste der Ruten- und Pendelsprache

a) Die Rutensprache

Schlägt die Rute nach unten, so ist der Rutler rechtsgepolt. Rechtsgepolt besagt: ja, gut, bekömmlich, gesund, lebend.
Schlägt die Rute nach oben, so muß unterschieden werden: Für den Rechtsgepolten besagt dies: nein, schlecht, nicht bekömmlich, nicht gesund.
Der Linksgepolte muß dagegen die Rutenausschläge im umgekehrten, also rechtspoligen Sinn deuten.
Bei Verwendung einer Rute mit Kugellager gelten ebenfalls die obigen Aussagen.
Leichtes Aufzucken der Rute wird bemerkt bei den Vorwarnungen (siehe Seiten 64–66).
Leichtes und unstetes Irritieren der Rute weist auf eine schwach wirksame Störzone hin.

b) Die Pendelsprache

Rotiert der Pendel im Uhrzeigersinn, so nennt man den Pendler rechtsgepolt.
Rechtsgepolt besagt wie in der Rutensprache: ja, gut usw. (siehe oben).
Rotiert der Pendel im umgekehrten Sinn, so ist wiederum genauso zu unterscheiden wie in der Rutensprache (siehe oben).
Ob der Pendel einen Kreis oder eine Ellipse zeichnet, hat keine Bedeutung; es macht keinen Unterschied in der Auslegung der Pendelsprache.
An Hand einer Gradscheibe kann der Pendler muten, wie groß der Prozentsatz von „gut" und „schlecht" ist, je nach Ausschlag des Pendels nach rechts oder nach links (beim rechtsgepolten Pendler).
Ein vertikaler Strich zwischen zwei Dingen bedeutet Trennung; er hat also negative Bedeutung.
Ein horizontaler Strich zwischen dem Pendler und dem Gegenstand, der vor dem Pendler liegt, bedeutet: genug davon, zurzeit nicht nötig (z. B. bei Medikamenten).

Für den Rutenausschlag ist wohl eine graphische Darstellung nicht nötig. Zum leichteren Verständnis der Pendelsprache dagegen mag die folgende Skizze beitragen.

4 Skizze zur Pendelsprache

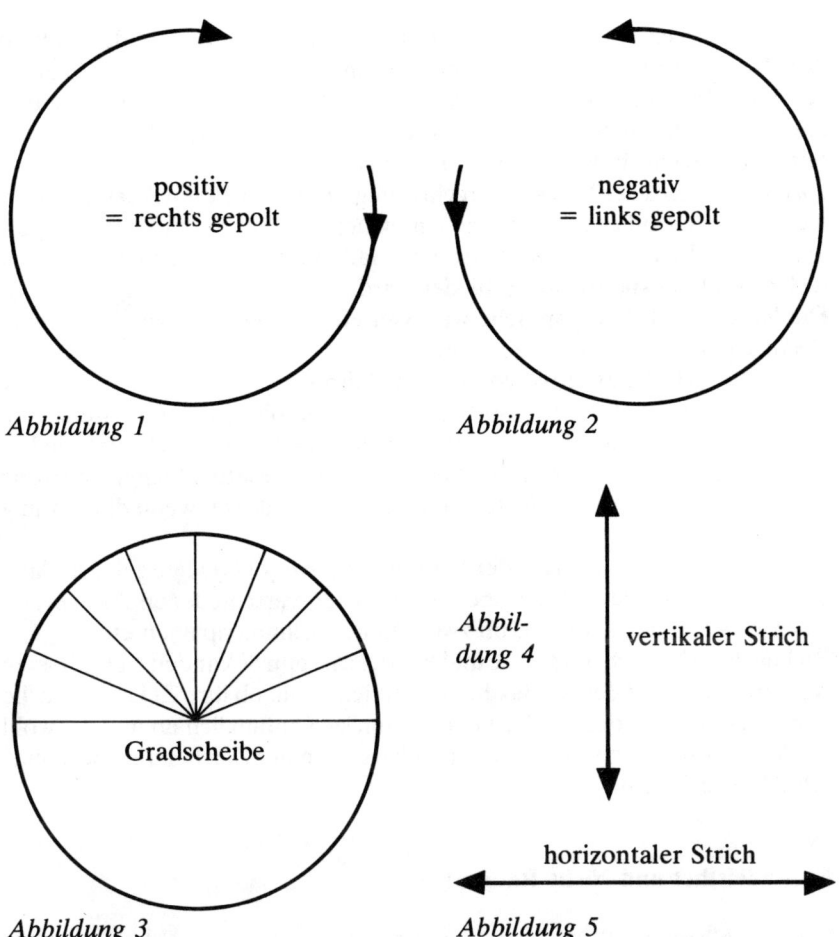

Abbildung 1 — positiv = rechts gepolt

Abbildung 2 — negativ = links gepolt

Abbildung 3 — Gradscheibe

Abbildung 4 — vertikaler Strich

Abbildung 5 — horizontaler Strich

5 Noch einige Bemerkungen zu Polarität, Ruten- und Pendelzeichen

Ob jemand rechts- oder linksgepolt ist, hat keinen Einfluß auf den Befund der Mutung. Einen Nachteil hat nur der linksgepolte Radiästhet, da er lebenslang Rutenausschlag und Pendelzeichen im umgekehrten Sinn deuten muß. Dies zeigt aber auch, wie absolut nötig es ist für den Radiästheten, seine ihm eigene Polarität zu kennen.

Da die Mehrzahl der Menschen rechtspolig ist, sind in diesen Ausführungen die Antworten auf radiästhetische Untersuchungen als für den rechtsgepolten Radiästheten gültig zu verstehen, falls nicht ausdrücklich zwischen rechts- und linkspolig unterschieden wird.

Die Ruten- und Pendelsprache wird vielseitig verwendet, wie das Kapitel *Praktische Radiästhesie* zeigen wird.

Hier führe ich die zwei wesentlichsten Beispiele dafür an:

a) Sucht man eine *Störzone,* so erwartet man nur die Antwort *ja,* wenn eine solche vorhanden ist. Dann werden Rute und Pendel nach materieller, mentaler und kombinierter Methode nach einer mutmaßlichen Störzone gefragt. Die Antwort von Rute und Pendel ist wieder *ja,* wenn die Mutung richtig ist.

b) Wird nach *Nützlichkeit* oder *Schädlichkeit eines Objektes* gefragt, dann geben Rute und Pendel die oben angeführten verschiedenen Antworten. Ebenso, wenn gefragt wird, ob zwei Dinge zusammenpassen etc.

Zu beachten ist auch, daß Rute und Pendel ca. zehn Sekunden Zeit gelassen werden soll, damit der Radiästhet feststellen kann, ob ihre Zeichensprache von Dauer ist. Besonders der Pendel kann sich anfänglich ab und zu, wohl aus Mangel an Konzentration des Pendlers, in seiner Zeichenangabe unentschieden verhalten.

6 Radiästhet und Nicht-Radiästhet

Falls ein Nicht-Radiästhet den Rutenausschlag oder die Pendelzeichen als Schwindel ansieht, soll er mit einem Radiästheten die Rute halten, und zwar der eine mit der linken, der andere mit der rechten Hand jeweils einen Zinken der Rute. Falls sie beide mit der gleichen Hand die Rutenschenkel halten, kann die Polarität ja, wie schon gesagt, nicht zur Wirkung gelangen. Im angeführten Fall wird der Nicht-Radiästhet den Ausschlag der Rute nicht nur spüren, es wird ihm sogar nicht gelingen, ihn aufzuhalten; eher bricht die Holzrute und biegt sich die Stahlrute, als daß der Rutenausschlag gehemmt werden kann.

Abschluß des theoretischen Teils

Wer sich soweit mit der Theorie der Radiästhesie vertraut gemacht hat, kann sich getrost an die Arbeit mit Rute und Pendel wagen. Er soll sich durch Fehlmutungen nicht entmutigen lassen.
Seine Strahlenfühligkeit wird sich mehren, je mehr er sich radiästhetisch betätigt. Ich möchte jedoch schon im voraus warnen vor zu häufigem und zu langem Muten, denn Muten entzieht dem Körper viel Nervenkraft.
Radiästhetisch arbeiten ist auch sehr interessant, da man immer wieder neue Erfahrungen macht; denn Strahlenfühligkeit ist, wie schon in der Einführung zum Ausdruck gebracht, eine persönliche Veranlagung, die man weiterentwickeln kann.
Da Strahlenfühligkeit eine persönliche Veranlagung ist, hat auch jeder Radiästhet bei seiner Arbeit seine eigene Methode. Der Volksmund sagt diesbezüglich: „Jeder Weg führt nach Rom." Deshalb werden Radiästheten, obwohl sie verschieden arbeiten, doch zum gleichen Ergebnis kommen, falls die dazu nötigen Bedingungen erfüllt sind. Wie schon auf Seite 21 erwähnt, benütze ich den Weg der mentalen Radiästhesie, wie ihn Abbé Mermet, der Vater der Radiästhesie, lehrte. Wer mir auf diesem Weg folgen will, dem wünsche ich viel Spaß und den größtmöglichen Erfolg.

II. PRAKTISCHE RADIÄSTHESIE

Die praktische radiästhetische Arbeit gliedert sich in die zwei Hauptgebiete *materielle* und *mentale Radiästhesie*.

A) Die *materielle Radiästhesie* befaßt sich mit den Strahlen, die von belebter und unbelebter Materie ausgehen.

Es sind dies:

– Strahlen von unten (aus der Erde). Man nennt sie terrestrische Strahlen, nach dem lateinischen Wort terra = Erde.

Über diese terrestrischen Strahlen berichtet:

1. die geologische Radiästhesie (Seiten 41–60)
2. die hydrologische Radiästhesie (Seiten 60–74)

– Strahlen aus der Umwelt. Diese behandelt:

1. die biologische Radiästhesie (Seiten 74–78)
2. die botanische Radiästhesie (Seiten 79 und 80)

– Strahlen von oben. Man nennt diese kosmische Strahlen. Über diese Art von Strahlen hören wir in der atmosphärischen und kosmischen Radiästhesie (Seiten 80–87).

Diese drei Strahlenarten können aber nicht strikt voneinander getrennt werden. In Wirklichkeit bestehen sie zugleich neben- und untereinander und bilden Kreuzungspunkte.

B) Die *mentale Radiästhesie* befaßt sich mit den Strahlen, die von der mens (= Seele, Intellekt) ausgehen (Seiten 87–90).

C) Beide Arten, die materielle und die mentale Radiästhesie, können sich auch mit Objekten in der Ferne beschäftigen. Hierüber handelt die *Teleradiästhesie* (Seiten 90–93).

D) Zur praktischen Anwendung der Radiästhesie gehört auch das Muten mit der *empfindsamen Hand* (Seite 93).

A) Die materielle Radiästhesie

Strahlen von unten (aus der Erde)

1. Die geologische Radiästhesie

Die geologische Radiästhesie befaßt sich mit den Strahlen:

a) die die Erde selbst ausstrahlt. Man nennt sie Erdstrahlen.
b) die Objekte ausstrahlen, die in der Erdkruste liegen.

Erdstrahlen

„Alles strahlt", also auch unsere „Mutter Erde".
Der Radiästhet kann dies sowohl mit der Rute als auch mit dem Pendel feststellen. Je nach der Polarität des Radiästheten schlägt die Rute nach oben oder nach unten aus und dreht sich der Pendel im Uhrzeigersinn oder im entgegengesetzten Sinn. Wie weit die Erdstrahlen nach oben steigen, ist noch nicht erforscht; selbst in höchster Höhe wurden sie von Flugzeugen aus festgestellt.

Die Erdstrahlen sind positiv gepolt, im Sinne von gesund, bekömmlich usw. Auch dies stellt der Rutler fest, da seine Rute der Erde zu ausschlägt, und der Pendler, da sein Pendel rechtsgepolt, d. h. im Uhrzeigersinn rotiert, wenn Rute und Pendel in Ausgangsstellung (siehe Seiten 26 bzw. 31 und 32) über dem Erdboden gehalten werden.
Der biologische Wert der Erdstrahlen, der seiner Wirkung nach auf das Leben aller Wesen, die die Erde bewohnen, als gesund und wachstumsfördernd sich erweist, kann also auch radiästhetisch nachgewiesen werden.

Das Wesen der Erdstrahlen selbst ist noch nicht bekannt, wie dies auch allgemein bei Strahlen der Fall ist.
Ein Fallbeispiel: Wir können Elektrizität erzeugen und sie uns nutzbar machen, aber was Elektrizität im Grunde genommen ist, können wir noch nicht definieren.
Soweit über die Strahlen, die die Erde selbst ausstrahlt, die Erdstrahlen. Wir kommen jetzt zu den Strahlen, die Objekte ausstrahlen, die in der Erdkruste liegen.

Strahlen von Objekten, die in der Erdkruste liegen

Nicht alles, was in der Erde liegt, ist für die Gesundheit der sensitiven Bewohner der Erde bekömmlich. Strahlen von schädlichen Objekten bilden, was man in der Radiästhesie „Störzonen" nennt. Andere Namen dafür finden sich auf Seite 18. Solche bisher bekannten Störzonen sind: Wasseradern (abgekürzt Wa), Verwerfungen (abgekürzt Vw), das Globalnetzgitter, auch Hartmann-Netz genannt, das zweite Gitternetz, das Curry-Netz genannt wird, das polare Feld von Wittmann und das Kubensystem von Benker.
Auch die Strahlen von Erz-, Öl- und Kohlenlagern bilden Störzonen.

Die angeführten Störzonen im einzelnen:

Wasseradern

Im Inneren der Erde gibt es Wasseradern. Das Kapitel *Die hydrologische Radiästhesie* wird uns zeigen, wie sie mit Hilfe von Rute und Pendel ausfindig gemacht werden können (siehe Seiten 60–74).

Die Wasseradern sind nach Ansicht mancher Autoren die bedeutendsten Störzonen. Ihre beeinträchtigende Wirkung beruht nach Endrös auf zwei verschiedenen Ursachen: Einerseits hemmen sie die Mikrowellenausstrahlung der Erde, anderseits entstehen durch die Reibung des Wassers am Gestein elektromagnetische Felder – ein Phänomen, das an den Rändern von Wasserläufen besonders markant in Erscheinung tritt. Das Wasser selbst bildet also keine Störzone. Nur fließendes Wasser bildet durch genannte Reibung am Gestein in einer unterirdischen Wa die gesundheitsschädigende Wirkung für sensitive Wesen auf der Erde.
Wenn die Erdstrahlen auf eine unterirdische Wasserader stoßen, werden sie auf beiden Seiten der Ader nach außen abgedrängt. Das radiästhetische Feld der Wasserader wird dadurch erweitert, bis diese Erdstrahlen an die Erdoberfläche gelangen. Von dort an steigen sie wieder gerade in die Höhe. Jedoch nicht das ganze radiästhetische Feld, sondern nur die Stelle über der Ader kann sich pathogen auswirken. Die folgende Skizze will dies erläutern.

Skizze einer Wasserader mit ihrem radiästhetischen Feld

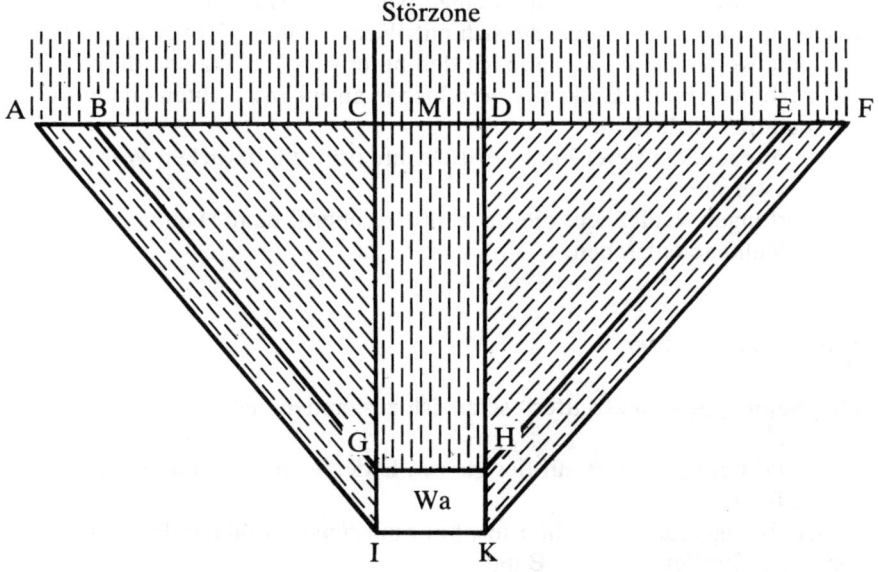

Erklärung der Skizze:

A – F zeigt das ganze radiästhetische Feld auf dem Erdboden, das durch eine unterirdische Wasserader gebildet wird.
C – D zeigt die Breite der unterirdischen Wasserader.
G – H – I – K zeigt die unterirdische Wasserader (= Wa).
G – H zeigt das obere Niveau der Ader.
I – K zeigt das untere Niveau der Ader.
A – I – C zeigt das linke erweiterte Feld der Ader.
D – K – F zeigt das rechte erweiterte Feld der Ader. Zu bemerken ist hierzu, daß das erweiterte Feld keine Störzone bildet. Nur C – D kann gesundheitsschädigend wirken.
M kennzeichnet die Mitte der Ader.
A und F markieren die äußeren Enden des radiästhetischen Feldes. Sie werden auch erste Vorwarnung genannt.
B und E markieren die zweite Vorwarnung (siehe dazu Seiten 65 und 66).

Verwerfungen

Unter Verwerfung versteht man einen Riß oder Bruch in der Erdkruste. Dadurch entstehen Löcher, die sich mit Wasser füllen. Verwerfungen bilden eine weitere Störzone, ähnlich den unterirdischen Wasseradern.
Verwerfungen in der Erdkruste verschieben auch Erdschichten und bewirken dadurch Erdbeben.
Verwerfungen, die tiefer in die Erdschichte dringen, bewirken Warm- bis Heißwasserquellen.
Verwerfungen schließlich, die bis zum Erdinnern, dem Magma, reichen, lassen Vulkane entstehen.

Das Globalnetzgitter

Der Name „Globalnetzgitter" setzt sich zusammen aus:

– *Global* besagt, daß es auf der ganzen Erde, wenn auch nicht auf jeder Stelle, festzustellen ist.
– *Netz* besagt, daß es sich hier nicht nur um *einen* Strahl handelt, sondern um einen Streifen oder ein Band.
– *Gitter* besagt, daß es sich wie ein Gitter um die Erde legt.

Die Radiästheten Peyré und Hiller haben schon in den dreißiger Jahren unseres Jahrhunderts dieses System entdeckt und fanden heraus, daß es sich in den zwei Haupthimmelsrichtungen Nord–Süd und Ost–West wie ein Gitter um die Erde legt. Dr. med. Hartmann hat sich in den sechziger Jahren genauer mit diesem System befaßt. Ihm zu Ehren wurde es deshalb *Hartmann-Netz* genannt.
Das Globalnetzgitter (= Hartmann-Netz) ist kosmisch, d. h. seine Strahlen kommen aus dem Kosmos. Um der Gliederung des Themas gerecht zu werden, müßte es erst im Kapitel *Strahlen von oben* behandelt werden, aber, wie schon gesagt, sind wir zugleich von allen drei Arten von Strahlen umgeben, und alle Arten, besonders wenn sie einander kreuzen, können ungünstig auf unsere Gesundheit einwirken. (Hierüber siehe Seite 48 ff.) Deshalb wird das Globalnetzgitter schon hier erwähnt.
Wie entstehen die Hartmann-Strahlen? Dr. J. Oberbach schreibt darüber in seinem Buch *Feuer des Lebens,* Seite 69: „Wir wissen es nicht; doch sie existieren, da sie Tag und Nacht mit Rute und Pendel festgestellt werden können. Es ist sehr eigenartig, daß in dem riesigen Raum zwischen der Son-

ne, den anderen Großsternen und dem Mond etwas wirksam ist, das dieses konstante Schattenspiel erzeugt."
Das Globalnetzgitter wandert. Oberbach unterscheidet eine Sommerperiode und eine Winterperiode. Die Breite der Bänder des Globalnetzgitters ändert sich nach den Breitengraden der Erde. In Deutschland schwankt sie im Sommer in Ost-West-Richtung zwischen 1,95 m und 2,20 m; in Süd-Nord-Richtung schwankt sie zwischen 1,75 m und 1,95 m. Die Bänder scheinen sich dem Nordpol zu zu verengen. Die Strahlen des Globalnetzgitters sind in sich schon gesundheitsschädigend, und dies umso mehr, wenn sie sich mit terrestrischen Strahlen kreuzen. So setzen sie die gesundheits- und wachstumsfördernden Erdstrahlen außer Kraft und können Krankheitsherden in organischen Wesen zum Ausbruch verhelfen.

Das zweite Gitternetz

Dieses Netz war schon den Etruskern bekannt; es geriet aber wieder in Vergessenheit.
Der Rutengänger Obering. Wittmann hat es Anfang der fünfziger Jahre wiederentdeckt und es zusammen mit Dr. med. M. Curry weiter studiert. Gemäß einem Artikel von Wittmann in der *Zeitschrift für Radiästhesie*, München 1981, II, gab Dr. Curry ohne dessen Wissen im Jahre 1953 die bisherigen Ergebnisse ihrer gemeinsamen Forschungsarbeit heraus. Auf Grund dieser Arbeit wurde das zweite Gitternetz von da an Curry-Netz genannt.
Die Strahlen dieses Netzes folgen den Zwischenhimmelsrichtungen, also von NO nach SW und von SO nach NW.
Wittmann hingegen führte seine Studien über dieses Gitternetz fort und fand heraus, daß das Curry-Netz nur ein Teil des von ihm so genannten polaren Feldes ist.

Das polare Feld von Wittmann

(Die folgenden Ausführungen sind dem oben angeführten Artikel mit freundlicher Genehmigung des Herold Verlages München frei entnommen.)

In seinen Studien über das polare Feld ging Wittmann vom Wissen der Chinesen aus, nach dem die Kraft, die das All durchströmt, ein Wechselspiel von Yin (weibliches Prinzip) und Yang (männliches Prinzip) ist. Die ganze

Oberfläche der Erde ist nach diesem System in Felder eingeteilt, in einem Wechselspiel von positiv und negativ.

Die folgende schematische Darstellung eines polaren Feldes mit seinen beiden positiven und negativen Teilen im Wechselspiel versucht dies klarzumachen.

Schematische Darstellung eines polaren Feldes

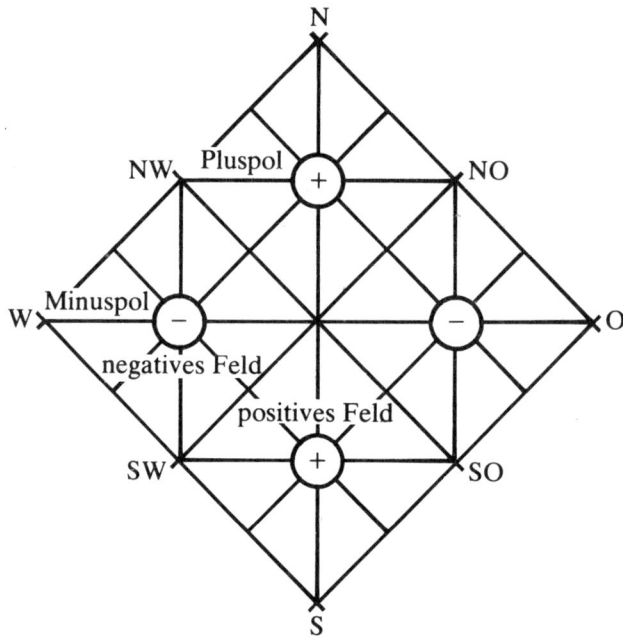

Erklärung der schematischen Darstellung:

– Die Außenlinien der Zeichnung nennt Wittmann Feldgrenzlinien.
– Den Schnittpunkt N–S/O–W nennt er Feldgrenzlinienkreuzung.
– Dieser Schnittpunkt bildet die vier polaren Felder: nach Norden durch die Strahlen von NO nach NW, nach Osten durch die Strahlen von SO nach NO, nach Süden durch die Strahlen von SO nach SW und nach Westen durch die Strahlen von SW nach NW. Alle vier Einzelfelder bilden zusammen ein ganzes polares Feld.

- In der Mitte der viereckigen Felder befindet sich jeweils ein Polpunkt. Diese Polpunkte hat Dr. med. Curry nicht wahrgenommen, so blieb es bei seiner Entdeckung des Gitternetzes der Zwischenhimmelsrichtungen: NO zu SW und SO zu NW.
- Die Polpunkte der Nord-Süd-Achse sind als pluspolig erwiesen worden, und somit ist das nördliche und südliche Feld pluspolig, während die beiden Pole in der Ost-West-Achse minuspolig sind und somit das östliche und das westliche Feld minuspolig gestalten.
- Die Seitenlänge der polaren Felder mißt unter dem 48. Breitengrad 15,90 m und deren Diagonale 22,50 m.
- Die polaren Felder und deren Wechselspiel von positiv und negativ wurden auf radiästhetischem Weg mit Hilfe von Rute und Pendel gefunden, und Physiker konnten mit Geräten den objektiven Nachweis ihres Vorhandenseins erbringen.
- Ferner wurde festgestellt, daß bei einem Versuchsobjekt (Mensch, Tier oder Pflanze) der Aura-Abstand im Zentrum eines positiven Feldes sich vergrößert, während dessen Aura sich im Zentrum eines negativen Feldes verringert. Wittmann nannte diesen Aura-Abstand *Reaktionsabstand*. 50 cm Aura-Größe wurde als Normalwert angenommen. Eine Aura-Größe von über 50 cm wird als aufladend bezeichnet, eine solche von unter 50 cm als abladend. Sowohl bei aufladender als auch bei abladender Aura-Größe können gesundheitsschädigende Wirkungen auftreten (siehe Seiten 52 und 53).

Das Kubensystem von Benker

Benker hat das nach ihm benannte Kubensystem Anfang der sechziger Jahre erforscht. Nach seiner Lehre können sämtliche anderen Reizstellen und Gittersysteme verschiedener Ausmaße im Kubensystem vorkommen.

Strahlen von Bodenschätzen

Aus der Erde kommen auch Strahlen von Bodenschätzen aller Art, z. B.: Gold, Silber, Kupfer, Eisen, Kohle, Erdöl.
Mit Hilfe von Rute und Pendel werden Bodenschätze geortet, und es wird deren Nutzen oder Schaden gemutet.

Strahlenflüchter und Strahlensucher

Wir hörten bisher, daß die gesundheitsfördernden Erdstrahlen durch mancherlei andere Strahlen, die aus der Erde kommen, in ihrer Wirkung gestört oder eliminiert werden. Diese gesundheitsstörenden terrestrischen Strahlen wirken aber nicht gleich stark auf alle Lebewesen. Tier- und Pflanzenwelt sind davon weniger betroffen, d. h. es gibt Tiere und Pflanzen, die solche Strahlen sogar bevorzugen. Jedes Lebewesen hat auch ein Gespür für Gefahr und sucht sie zu meiden. Man kann daher die Tier- und Pflanzenwelt einteilen in Strahlenflüchter und Strahlensucher. Der Mensch ist ein ausgesprochener Strahlenflüchter, d. h. keinem Menschen bekommen gesundheitsschädigende Erdstrahlen gut. Ob und wieweit ihm solche Strahlen schaden, hängt von der Strahlenart und deren Intensität ab. Eine bedeutende Rolle spielt dabei auch die persönliche Abwehrkraft.

So betrachten wir zunächst Tier- und Pflanzenwelt als Strahlenflüchter und -sucher. Danach werden wir im einzelnen untersuchen, welche terrestrischen Strahlen dem Menschen schaden können. Das Wort *können* möchte ich von vornherein in bezug auf alle gesundheitsschädigenden Strahlen betonen, da solche Strahlen nicht aus sich heraus krank machen, wie es bei Viren und Bakterien der Fall ist, und da etwaiger schädlicher Einfluß von der natureigenen Abwehrkraft verhindert werden kann. Zudem muß gesagt werden, daß jedes sensitive Wesen eine geringe Dosis an gesundheitsschädigenden Strahlen unbeschadet ertragen kann.

Strahlenflüchter in der Pflanzenwelt

1 Unter den *Blumen* sind Strahlenflüchter u. a.: Rosen, Geranien, Sonnenblumen und Kakteen.

2 Strahlenflüchter unter den *Gemüsearten* sind: Kartoffel, Blumenkohl, Gurke, Sellerie u. a.

3 Unter den *Fruchtarten* erkennt man die Strahlenflüchter am kärglichen Wuchs oder vollständigen Absterben auf einer Störzone.

4 Unter den *Sträuchern* erkennt man die Strahlenflüchter daran, daß ihre Blätter dürr werden und abfallen, daß der Strauch sich zur Seite neigt, daß eine Hecke über einer Störzone eine Lücke hat, die sich durch Nachpflanzen derselben Strauchart nicht schließen läßt.

5   Unter den *Bäumen* sind u. a. die folgenden Strahlenflüchter: Apfel-, Birn- und Nußbäume, Flieder, Buchen und Linden. Wenn diese Bäume auf einer Störzone stehen, so erleiden sie Drehwuchs des Stammes, und ihre Rinde ist spiralenförmig.

Strahlensucher in der Pflanzenwelt

1   Strahlensucher unter den *Blumen* und *Blattpflanzen* sind: Asparagus, Mistel, Zimmerlinde, Aralie, Mohn, Pilze sowie die Heilpflanzen: Farn, Brennessel, Fingerhut, Herbstzeitlose, Holunder, Minze, Tollkirsche und Johanniskraut. Auch die *Wasserpflanzen,* wie Seerose, Schilf, Bambus etc., entwickeln sich besonders kräftig auf bestrahltem Grund.

2   Unter den *Bäumen* sind Strahlensucher u. a.: Eichen, Weiden, Fichten, Lärchen.

Strahlenflüchter in der Tierwelt

1   Hund, Pferd, Rindvieh, Schwein, Ziege, Schaf, Reh, Fuchs, Dachs u. a. sind Strahlenflüchter.

2   Ebenso alle Vogelarten, auch die Hühner; ausgenommen sind lediglich die Wasservögel.

Strahlensucher in der Tierwelt

1   Katzen, Kaninchen, Mäuse und Maulwürfe sind Strahlensucher. Damit soll aber nicht behauptet werden, daß ihnen bestrahlte Plätze gesundheitlich bekömmlich sind.

2   Auch Insekten sind Strahlensucher. Bienen und Ameisen haben ihre „Wohnungen" auf Störzonen. Die Mückenschwärme „tanzen" im Herbst über bestrahltem Feld.

Tips mit Bezug auf Strahlenflüchter und Strahlensucher in der Pflanzenwelt

1   Es ist zwecklos, eine Pflanze, die auf einer Störzone eingegangen ist, durch eine neue derselben Art zu ersetzen.

2 Kartoffeln faulen auf dem Feld und im Keller auf einer Wasserader.

3 Marmelade schimmelt und der Wein „bricht" über einer unterirdischen Wasserader.

Für Haustiere gilt im allgemeinen:

Bei Haustieren, die angekettet über einer unterirdischen Wasserader stehen, ist zu beachten, daß sie durch Schiefstehen der Ader ausweichen wollen; gelingt ihnen dies nicht, so werden sie krank. Anzeichen von Krankheit können sein: Unruhe, Schreckhaftigkeit, Gliederschwellungen, Lahmheit.

Im einzelnen kann folgendes festgestellt werden:

1 Die Kühe geben weniger Milch, leiden an Euterentzündungen und verkalben.

2 Die Pferde leiden an Koliken, Muskelrheumatismus, Blutzersetzung; sie erblinden und verwerfen.

3 Bei den Schweinen kann sich Schweinerotlauf einstellen. Sie können krumme Beine bekommen und im Wachstum zurückbleiben. Manchmal fressen die Mutterschweine ihre Jungen auf.

4 Die Hühner leiden unter Augenentzündung, Unruhe, Abneigung gegen den Hühnerstall, verlegen und verlassen die Brutnester.

5 Der Hund, selbst der folgsamste, wird seine Schlafstätte nie über einer Wasserader annehmen.

6 Bienenzüchter mögen beachten, daß, wenn sie den Bienenstand auf bestrahlten Grund stellen, sie zwei- bis dreifachen Ertrag erhalten können, da die Bienen Strahlensucher sind.

7 Sehr zu beachten ist auch, daß die Katze als Strahlensucher sich am liebsten auf bestrahlten Boden legt. Wer also merkt, daß sich seine Katze immer gerne auf sein Bett legt, kann annehmen, daß sein Bett bestrahlt ist.

8 Noch einige im Volksmund bekannte Sprichwörter seien erwähnt und erklärt:

– Bei Gewitter sagt der Volksmund:
Eichen sollst du weichen,
Weiden sollst du meiden,
Fichten sollst du flüchten;
denn diese drei Arten von Bäumen sind Strahlensucher, d. h. sie bevorzugen bestrahlten Grund, und gerade in solche schlägt der Blitz mit Vorliebe.

– Bekannt und oft zu hören sind auch die folgenden Aussprüche:
Die Schwalben bringen Glück.
Der Storch bringt Kinder.
Schwalben und Störche sind Strahlenflüchter; sie nisten nie auf bestrahltem Grund. Die schwangere Frau soll also ihr Bett nicht auf bestrahltem Grund stehen haben, sonst besteht die Gefahr, daß sie ihr Kind verliert durch Fehl- oder Frühgeburt, weil es den Strahlen ausweichen will.

Der Mensch – ein ausgesprochener Strahlenflüchter

Alle Menschen leiden auf bestrahltem Grund. Aber nicht jeder im gleichen Maß. Eben hörten wir, daß das Kind schon im Mutterschoß den schädlichen Strahlen ausweichen will und daß die Folge davon eine Fehl- oder Frühgeburt sein kann. Kleinkinder fühlen instinktiv schädigende Strahlen. Wenn der Körper kräftig ist, hat er Abwehrkraft genug gegen schädigende Erdstrahlen. Schwächliche und sehr sensible Menschen leiden stark unter Störzonen und sterben oft bereits in der Blüte ihrer Jahre, z. B. an Krebs.

Es muß aber bemerkt werden, daß gesundheitsschädigende Strahlen von unten nicht pathogener Art sind, d. h. daß sie nicht krankheitserregend wirken wie Viren und Bakterien. Sie vermindern nur im Menschen die Abwehrkraft gegen Krankheiten, da zuviel Abwehrkraft dafür verbraucht wird, diesen schädlichen Strahlen zu widerstehen.
Ferner soll man beachten, daß nicht jede Stelle, an der sich Rute und Pendel regen, gesundheitsschädigend ist. Eine Reizzone kann auch entstehen zwischen zwei Bereichen mit unterschiedlicher Leitfähigkeit, oder es kann auch ein Bereich sein, in dem die Bodenleitfähigkeit anders ist als beiderseits von ihr. Der Radiästhet muß also zunächst die Ursache des Reizes feststellen. Etwaige schon vorhandene Krankheitssymptome geben dabei möglicherweise gewisse Aufschlüsse über die Art der jeweiligen Reizzone.

Die Strahlen von unten und ihr gesundheitsschädigender Einfluß, einzeln betrachtet

1 Strahlen, die nur von *einer* unterirdischen Wasserader herkommen:

– Langer Aufenthalt über *einer* solchen Ader (Arbeitsplatz, Wohnstube, Schlafstätte) *kann* schädlich wirken auf das vegetative Nervensystem. Die Auswirkungen zeigen sich in Form von Nervosität, Mißbefinden, rheumatischen Schmerzen, chronischer Müdigkeit, chronischen Entzündungen, Atemnot.

– Besondere Folgen verursachen die Strahlen, die von *einer* unterirdischen Wasserader herkommen, wenn diese sich unter einer Bettstatt der Länge nach hinzieht. Man spricht in diesem Fall von *schiebendem* und *ziehendem Wasser*.
Schiebend nennt man das Wasser, wenn es von den Füßen zum Kopf fließt. Schiebendes Wasser kann Angstträume, Depressionen, Flucht aus dem Bett und Appetitlosigkeit bewirken.
Ziehend nennt man das Wasser, wenn es vom Kopf zu den Füßen fließt. Ziehendes Wasser kann folgende Beschwerden mit sich bringen: Nervosität, Schwarzwerden vor den Augen, Zurücktorkeln ins Bett beim Aufstehen, gelbe Gesichtsfarbe, Bauchschmerzen, Merkunfähigkeit.

2 *Kreuzungen* sind schlimmer, weil sie doppelte Wirkung haben. Es gibt Kreuzungen verschiedener Art:

a) *Kreuzungen von zwei Wasseradern* können zur Folge haben: jedwede Art von Krebs, Lebensunlust bis zu Selbstmordgedanken und -versuchen, Schlaflosigkeit, kalte Füße bei heißem Kopf (= Blutandrang zum Kopf), Nachtschweiß, Angstträume, Hilferufe im Traum.
b) *Kreuzungspunkte zwischen einer Wasserader und einem Curry-Streifen* können bewirken: Frieren im Bett, Bettnässen, Müdigkeit beim Aufstehen; auch Zellwucherung, die krebsfördernd ist.
c) *Kreuzungspunkte im polaren Feld von Wittmann* wirken aufladend in den Plusfeldern und abladend in den Minusfeldern. Aufladende Kreuzungen können Tumore bilden und verursachen Depressionen bis hin zum Selbstmord. Personen, die unter Depressionen und Schwermut zu leiden haben, mögen also ihren seelischen Zustand nicht als entmutigend ansehen, sondern sollen einen Arzt und einen Radiästheten aufsuchen.
d) *Kreuzungspunkte im Kubensystem von Benker* bewirken zusammen mit anderen Störquellen vermehrte ,,aufladende" und ,,abladende" Krankheitssymptome. Nach Wittmann kann ,,aufladend" Krebs zur Folge haben

und „abladend" Tbc. Die Begriffe „aufladend" und „abladend" wurden auf Seite 47 erklärt.

Anmerkung des Verfassers: Möge der Leser nicht ängstlich werden, wenn er von all den vielen Krankheitssymptomen liest; denn es heißt ja in jedem Fall nur *können* und nicht *werden* verursachen usw. Doch ein englisches Sprichwort sagt: *Prevention is better than cure* (= Vorbeugen ist besser als Heilen). Dies gilt auch mit Bezug auf das folgende Kapitel, in dem die gesundheitsschädigenden Einflüsse in den verschiedenen Lebensphasen aufgezählt werden.

Gesundheitsschädigende Wirkungen von Erdstrahlen in den verschiedenen Lebensphasen des Menschen

1 Zur Zeit der Schwangerschaft

Eine werdende Mutter, die ihr Kind auf einer Störzone austrägt, kann unter Verkrampfungen leiden.
Es kann zu Fehlgeburten, Frühgeburten und zu Mißbildungen im Organismus des Kindes kommen.

2 Bei der Geburt

Durch den schädigenden Einfluß der Erdstrahlen kann die Geburt des Kindes erschwert werden. Die Verkrampfung der Mutter kann Gehirnschäden des Kindes nach sich ziehen, die beim Kind später Lernbehinderungen erzeugen.

3 Säuglinge und Kleinkinder

Diese wollen im Bett instinktiv Störzonen ausweichen, indem sie sich selbst im Schlaf so weit wie möglich von der bestrahlten Stelle wegwälzen. Manchmal fallen sie dabei aus dem Bett, oder es befällt sie ein verzweifeltes Weinen und Schreien nach Hilfe. Zu beachten ist, daß sich schon im ersten Lebensjahr die Grundgestalt eines Menschen ausformt. Wird nun ein Kind, das auf einer Störzone liegt, an das Bett gebunden, damit es nicht herausfällt, so wird es krank an Leib und Seele. Solche Menschen sind im Leben oft kontaktarm, verbittert, nervös.

Kinder, die auf Störzonen schlafen müssen, bleiben oft viele Jahre Bettnässer; allerdings kommen für dieses Problem auch körperliche und psychologische Ursachen in Frage.

4 Im Schulalter

In dieser Lebensphase kann man Kinder, die zu Hause auf Störzonen schlafen und daheim oder in der Schule an solchen Plätzen lernen, an folgenden Merkmalen erkennen: Sie sind besonders nervös und ängstlich und zeigen morgens beim Aufstehen schon Angst vor der Schule.

Sie sitzen in der Schule teilnahmslos da, können sich nicht konzentrieren und machen die Hausaufgaben nicht oder nur schlampig, da sie es an diesen Plätzen nicht aushalten.

Außerdem sind sie sehr vergeßlich, da es ihnen an Denk- und Merkfähigkeit mangelt.

Oft können sie nicht zur Schule kommen, da sie schon beim Aufstehen unter Schwindelanfällen, Erbrechen und Herzbeklemmung leiden.

5 Im Erwachsenenalter

Im späteren Leben sind solche Menschen oft aggressiv; sie leiden an Herz- und Kreislaufstörungen, an Magenschmerzen und an Zwölffingerdarmgeschwüren. Polyarthritis, Rheuma, Nervenentzündung, Zwangsneurosen und Herzinfarkt sind weitere Beispiele für gesundheitliche Schäden durch Reizzonen.

Einige Anzeichen von Störzonen an Schlafstätten

Abneigung gegen das Zubettgehen; Herzunruhe und Herzklopfen, bald nachdem man sich hingelegt hat; langes Wachliegen; kalte Füße und heißer Kopf; Aufwachen durch kalten Schweißausbruch; verkrampfte (eingeschlafene) Arme; Müdigkeit und Nervosität morgens beim Aufwachen.

Die beiden Kapitel *Gesundheitsschädigende Wirkungen von Erdstrahlen in den verschiedenen Lebensphasen des Menschen* und *Einige Anzeichen von Störzonen an Schlafstätten* sind mit Erlaubnis auszugsweise entnommen dem Buch *Erfahrungen einer Rutengängerin* von Käthe Bachler, erschienen im Veritas-Verlag. Käthe Bachler hatte auf Grund eines Forschungsauftrages Gelegenheit, durch 11 000 Schlafplatz-Mutungen in vielen Ländern besonders reiche Erfahrungen zu sammeln. Durch diese gründliche Dokumentation mit vielen Zeichnungen ist es ihr gelungen, den Zusammenhang zwischen Störzonen und Gesundheitsschäden in allen Lebensaltern zu beweisen. Gerade ihr Buch findet viele begeisterte Leser. Ich möchte es nicht nur Ärzten, sondern auch Lehrern und Priestern sowie Eltern und Erziehern wärmstens empfehlen. Es ist kein Anlernbuch, sondern es vermittelt einen hochinteressanten und für jeden gut verständlichen Überblick, untermauert die darin gemachten Aussagen mit vielen lebendigen Tatsachenschilderungen, weshalb es auch gerne in die Familienbibliothek aufgenommen wird.

Erdstrahlen an Badeorten

Unter Badeorten sind Orte mit Heilquellen zu verstehen. Kneippkurorte fallen nicht unter diesen Begriff.

Die Strahlen von Heilquellen sind stärker als jene von gewöhnlichem Wasser aus unterirdischen Adern. Wenn deshalb ein Badegast sein Zimmer über einer Ader der Heilquelle hat, werden diese Strahlen seine Krankheit verschlimmern. Die Zimmer oder wenigstens die Bettstätten an Badeorten müssen deshalb unbedingt strahlenfrei sein.
Es ist auch anzuraten, daß, bevor eine Kur verschrieben wird, Bett- und Arbeitsstätte des Patienten auf etwaige Störzonen untersucht werden. Liegt eine Störzone vor, so muß sich dieser Patient zuerst einmal an einer störzonenfreien Stelle aufhalten. Die Erholung von der bisherigen Belastung durch die Störzone kann in Verbindung mit ärztlicher Behandlung in manchen Fällen eine Kur an einem Badeort ersparen.

Mittel gegen die schädlichen Erdstrahlen

1 Ausweichen auf dem Bauplatz

a) Wer ein Haus bauen will, soll, bevor er den ersten Spatenstich für das Fundament macht, einen Rutler oder Pendler holen, der den Bauplatz nach Wasser- oder sonstigen Adern untersucht.

Der Architekt muß schon bei Erstellung des Bauplanes beachten, daß es neben den natürlichen Reizzonen (unterirdische Wasseradern, Erzadern usw.) auch künstliche gibt, die wir uns selbst schaffen. So darf kein Schlaf-, Arbeits- und Aufenthaltsraum über dem Öltank und der Zentralheizung angelegt werden. Der berühmte Krebsarzt Dr. med. J. Issels, Rottach-Egern/Obb., schreibt in der Zeitschrift des VNL, 2. Jahrgang, Heft 23/1981, daß ein Öltank ebenso gesundheitsschädigend wirkt wie Paraffin, Kohle oder Wasser. Bei der Ölheizung addieren sich die depolarisierenden Einflüsse von Flamme, Turbine und Elektromotor. Bedenkt man, daß hierzu noch Strahlen terrestrischer (siehe Seite 41 ff) und kosmischer Art (siehe Seite 80 ff) sowie Strahlen aus der Umwelt (siehe Seite 74 ff) sich vorfinden können, so läßt sich verstehen, daß eine solche Wohnung gesundheitsschädigend sein kann.

Der Architekt soll beim Bauplan auch beachten, daß für Stallungen ebenso ein störzonenfreier Platz erforderlich ist, da es auch unter den Haustieren „Strahlenflüchter" gibt.

b) Ausweichen im Fertigbau: Werden gesundheitsschädigende Strahlen in einer Wohnung festgestellt, so kann der Radiästhet in vielen Fällen einen gesunden Platz wenigstens für Schlaf- und Arbeitsstätte ausfindig machen. In größeren Räumen, wie Klassensälen, Werkstätten und Schlafräumen, wird es oft unmöglich sein, alle Störzonen zu meiden. In solchen Räumen ist Platzwechsel nach Plan, z. B. monatlich, anzuraten. Für kurze Zeit kann jeder Organismus einen von gesundheitsschädigenden Strahlen bestrahlten Platz ertragen, ohne sich eine ernstliche Krankheit zuzuziehen. Wo dieser Platzwechsel in Schulen vorgenommen wird, spricht man von einer „rollenden Klasse".

Nimmt man einen Platzwechsel vor, so muß auf den augenblicklichen Zustand des Patienten Rücksicht genommen werden. So darf z. B. bei einem Herzpatienten das Bett nur in Abständen von zwei bis drei Tagen um je ca. 20 cm aus dem bestrahlten Feld entfernt werden, da ein plötzlicher Wechsel dem Herzpatienten einen ernsthaften Schock beibringen könnte.

2 „Abschirmen", „Entstören"

In Fällen, in denen ein Ausweichen tatsächlich unmöglich ist, können Störzonen durch besondere Apparate „abgeschirmt" oder – was dasselbe besagt – „entstört" werden.

Wissenschaftliche Begründung für Abschirmen, Entstören:
Physikalische und biologische Fachkenntnisse können das Abschirmen und Entstören wissenschaftlich begründen. So lehrt die Physik, daß „plus" und „minus" sich bei Strahlen das Gleichgewicht halten. Jagt man z. B. einen Starkstrom durch zu dünnen Kupferdraht, so brennt dieser durch; es entsteht ein Kurzschluß. Ebenso ist es der Fall, wenn z. B. starke Strahlen, die für unsere Gesundheit schädlich sind, auf die gesundheits- und wachstumsfördernden Erdstrahlen stoßen; sie setzen deren Wirkung außer Kraft und bewirken eine sogenannte Störzone, die sich gesundheitsschädigend auswirken kann.

Wie kann abgeholfen werden? Nur durch Eliminieren der Störzonen, d. h. durch Ausweichen oder durch Abschirmen. Für den Begriff „Abschirmen" wird auch „Entstören" gesagt, um auszudrücken, daß die schädigenden Wirkungen *entstört* sind. Als Abschirm- oder Entstörungsmittel haben sich Kupfer und Aluminiumfolien bewährt.

3 Abschirm- und Entstörungsgeräte

Es werden hievon eine Unmenge angeboten, und es wird damit viel Schindluder getrieben, wodurch die Radiästhesie in Verruf kam. Gewarnt werden soll vor Hausierern, die sehr teure Abschirmgeräte anbieten. Sie können dabei sogar einen Trick anwenden, der bei den Tests mit Selbstbeeinflussung (siehe Seiten 28, 29 und 33) erklärt wurde. Rute und Pendel folgen dem geübten Radiästheten wie ein folgsamer Hund. Der Trick besteht also darin, daß der Radiästhet ein „Entstörgerät" – in Anführungszeichen, da es in Wirklichkeit gar nicht entstört – aufstellt, danach über die Störzone schreitet und durch Selbstbeeinflussung Rute oder Pendel über der noch bestehenden Störzone verbietet, sich zu regen, sodaß also die Rute nicht ausschlägt und der Pendel ruhig bleibt und somit vorgetäuscht wird, daß der Platz jetzt entstört sei.

4 Besser als alles Abschirmen und Entstören und das sicherste ist und bleibt *Ausweichen* auf einen störzonenfreien Platz. Abschirmen und Entstören jeder Art ist gemäß den bisherigen Erfahrungen immer noch ein notwendiges Übel.

5 Abschirm- und Entstörungsgerät – ein notwendiges Übel, denn:

– es gibt bis jetzt noch kein Gerät, das alle Strahlen vollkommen entstört.
– jedes Gerät muß gemutet werden, ob es der jeweiligen Person zuträglich ist.

– jedes Gerät bedarf der Überwachung. Geräte, die Kupfer enthalten, müssen erneuert werden, da Kupfer oxidiert.
– jedes Entstörungsgerät bildet zusammen mit der Störzone eine neue Störzone, deren Auswirkung auf die Gesundheit man noch nicht kennt.

Das beste ist also: ausweichen!

6 Abschirmen durch Naturprodukte (ohne Abschirmgeräte)

Der Bauunternehmer soll über dem Fundament des Neubaues eine Schicht Quarzschotter legen lassen. Quarz wirkt entstörend.
Auch Bodenplatten aus Marmor mit durchzogenem Quarz wirken entstörend.
Buchen- und Eichenscheiter, die man in den Kellerraum legt, entstören die Räume darüber.
Frische Farnwedel im Bett unter dem Leintuch und ein ganzer Farnstock, in ein Tuch gewickelt und am Fußende ins Bett gelegt, wirken sehr beruhigend und schlaffördernd.
Einreiben mit Farn- oder Brennessel-Essenz wirkt ebenfalls beruhigend, wenn man über einer unterirdischen Wasserader sein Bett hat.
Manche Radiästheten empfehlen als Abschirmung gegen die Auswirkungen von Wasseradern, ein Hufeisen quer zu deren Fließrichtung anzubringen.

7 Zu empfehlen ist auch, sich gegen schädigende Einflüsse zu schützen durch:

– gesunde Ernährung: nicht zuviel Fleisch, viel Obst und Gemüse; wenig Nikotin und Alkohol; viel frische Luft und Sport.
– autogenes Training, tägliche Meditation und Yoga. Diese Techniken verhelfen einem dazu, ein froher, gesunder Mensch zu bleiben, der ohne Leichtsinn sich sagt: Ich denke gar nicht an Krankheit und gesundheitsschädigende Einflüsse.

Eine kleine Auswahl meiner Heilerfolge durch Platzwechsel

1 Es war in Afrika im Jahre 1960. Zur Gründung einer neuen Station nahmen wir den eingeborenen Koch samt Familie mit uns. Schon nach eini-

gen Tagen beklagte sich die Frau des Koches über Schlaflosigkeit und weitere Anzeichen einer Störzone an Schlafstätten, wie sie auf Seite 54 beschrieben werden. Ihrem Stammesglauben gemäß war ein böser Geist daran schuld, den man durch Ausräuchern bannen könne. Ich sollte also kommen und ihr Haus ausräuchern. Um zu sehen, ob ihr Stammesglaube Abhilfe bringe, räucherte ich ihr Haus aus, schüttete am Schluß der „Zeremonie" den Inhalt des Rauchfasses in den Ofen und sprach, wie es auch unsere Vorfahren beim Weihnachts-Ausräuchern taten: „Ihr Geister, ihr wilden und bösen, seid alle hier gewesen, verlaßt dieses christliche Haus, fahrt zum Rauchfang hinaus!" Die Frau war sichtlich beruhigt und hoffte, nun gut schlafen zu können. Doch ihr Zustand verschlimmerte sich von Tag zu Tag. Wir fanden für sie ein störzonenfreies Haus, in dem sie bald wieder genas. Wir aber rückten diesem „Erddämonen" zu Leibe mit Pendel und Rute und muteten eine starke Wasserader, die unter der Schlafstätte der Frau hinwegfloß. Wir gruben uns in der Nähe des Hauses aus der Ader einen ergiebigen Brunnen, der uns das in den Tropen besonders hochgeschätzte, rare und gesunde Trinkwasser lieferte.

2 Eine ältere Frau litt stark unter Gicht und Rheuma (1977). Da mehrere vom Arzt verschriebene Medikamente ihr keine Linderung brachten, wurde ich ersucht, ihr Schlafzimmer zu muten, und ich entdeckte dabei eine Kreuzung von zwei Wasseradern unter ihrem Bett. Zum Glück konnte ich eine strahlenfreie Ecke des Zimmers feststellen, wohin sie auch ihr Bett verlegte. Andertags ging ich in vierwöchigen Urlaub. Ich war während dieser Zeit etwas in Sorge, weil wir das Bett auf einmal aus der Störzone herausgeschoben hatten, anstatt dies wegen des schlechten Gesundheitszustandes der Frau in Etappen zu machen; denn einer Störzone aus dem Weg gehen oder auch durch Abschirmen sie entstören, löst eine *Reaktion* aus. Als ich jedoch nach vier Wochen zurückkam, fand ich die Frau frei von Schmerzen. Sie sagte mir aber, daß sie in den ersten drei Wochen eine starke Reaktion verspürt hatte, sodaß sie meinte, sie würde es in ihrer Ecke nicht aushalten. „Jetzt aber", sagte sie, „wird mich niemand mehr aus meiner Ecke wegbringen; hier wurde ich durch Platzwechsel von meiner Gicht befreit."

3 Ein weiterer Heilerfolg durch Platzwechsel:
Eine junge Frau starb an Brustkrebs; sie lag über einer Kreuzung von Wasseradern. In der zweiten Ehe bezog die Familie ein anderes Schlafzimmer. Bald schon fing der Mann an zu kränkeln. Die Familie meinte, ihr ganzes Haus sei „verhext". Mit Rute und Pendel stellte ich fest, daß der Mann auf

„schiebendem Wasser" schlief. Wegen Platzmangel war guter Rat teuer. Wir schoben die Betten aus der unmittelbaren Reizzone. Nach kurzer Zeit schrieb mir die Familie: „Wir fühlen uns wieder gesund."

2. Die hydrologische Radiästhesie

Die Abhandlung über gesundheitsschädigende Einflüsse der Strahlen von unten hat uns vielleicht etwas besorgt darüber gemacht, ob die Strahlen von unten (Erdstrahlen, die durch Wasseradern ziehen, und andere Strahlen von unten sowie die Ausstrahlungen von Erz-, Kohle- und Öllagern) uns nur zum Schaden gereichen.
Dafür soll dieses neue Kapitel über die Strahlen von unten zeigen, daß gerade die Erdstrahlen, weil sie radiästhetische Felder bilden, für uns Menschen von großem Nutzen sein können. Dadurch nämlich, daß wir diese Strahlen fühlen, können wir unterirdische Wasseradern und Bodenschätze ausfindig machen.
Im Hinblick auf die unterirdischen Wasseradern gehe ich ganz besonders ins einzelne, damit sich die Menschen überall dort, wo Brunnen nötig sind, meine diesbezüglichen Erfahrungen zunutze machen können.
Ich gründe mein Vorgehen auf die mentale Methode und zeige auch, wie man, wo immer es möglich ist, diese Methode durch die materielle überprüfen kann.

Beginnen wir zunächst damit, die Lage einer unterirdischen Wasserader *im Freien* zu bestimmen:

1 Überprüfung der Bodenbeschaffenheit

Wird man als Radiästhet auf ein Feld gerufen, um eine etwaige unterirdische Wasserader zu muten, so schaut man sich zunächst das Gelände an. Strahlenflüchter in der Pflanzenwelt geben Aufschluß darüber.

2 Einfache Methode der Lagebestimmung bei einer unterirdischen Wasserader

a) Der *Rutler* nimmt seine Rute in Ausgangsstellung und frägt mental, wobei er sich langsam im Kreis herumdreht, ob es auf dem betreffenden Platz

Wasser gibt. Schlägt die Rute aus, so bringt er sie wieder in Ausgangsstellung; er geht in der eingeschlagenen Richtung langsam voran, bis die Rute wieder nach unten oder oben (gemäß seiner Polarität) ausschlägt. Die Stelle, wo dies geschieht, markiert er sich. Nun macht er denselben Versuch im Winkel von 45° zum vorhergehenden Ausgangspunkt und stellt dieselbe Frage. Auch jetzt wird die Rute wieder in diese Richtung ausschlagen. Unter vollständiger Ausschaltung allen Wunschdenkens hält er die Rute in Ausgangsstellung und geht dem markierten Platz zu. Die Mutung ist sicherer, wenn er die Markierung nicht sieht. Schlägt die Rute auf der Markierung aus, so steht fest, daß hier die gesuchte Wasserader ist.

b) Der *Pendler* macht den gleichen Versuch mit seinem Pendel. Dabei braucht er sich nicht – wie der Rutler – zuerst langsam, mit dem Pendel in Ausgangsstellung, im Kreis herumzudrehen. Wo immer er steht, stellt er mental die Frage, ob es auf diesem Platz Wasser gibt; der Pendel wird in seiner sensiblen Hand in die Richtung des Wasservorkommens ausschlagen. Er folgt dem Pendel, der weiterhin in diese Richtung ausschlägt, und zwar von ihm weg stärker als ihm zu, bis er das radiästhetische Feld betritt; hier fängt der Pendel an zu rotieren (gemäß der Polarität des Pendlers), zunächst noch unstet. Der Pendler geht jetzt langsam voran, bis sein Pendel einen schönen runden Kreis schlägt. Er merkt sich wiederum die betreffende Stelle und macht denselben Versuch von einer Stelle aus, die zur vorigen im Winkel von 45° liegt. Auch bei dieser Mutung soll der Pendler die Markierung nicht sehen. Trifft er auch von dieser Stelle wieder auf die Markierungsstelle, so hat er die Lage der unterirdischen Wasserader entdeckt.

Ausführliche Methode der Lagebestimmung bei einer unterirdischen Wasserader

1 Mit Hilfe einer Holz- oder Metallrute

Der Rutler kann, ohne sich der Überprüfung der Bodenbeschaffenheit und der „einfachen" Lagebestimmung zu bedienen, mit jeder der beiden Ruten in Ausgangsstellung wahllos in verschiedene Richtungen gehen. Kommt er in den entfernteren Bereich eines radiästhetischen Feldes, so bemerkt er ein leichtes Zucken der Rute nach oben oder nach unten, gemäß seiner Polarität. Er markiert diese Stelle als *erste Vorwarnung*. Dann geht er, wie vorher, weiter in derselben Richtung; bald spürt er ein zweites Zucken der Rute, das man die *zweite Vorwarnung* nennt. Auch diese Stelle markiert er sich. Er schreitet weiter, und bald schlägt die Rute aus, mit sicherem Ausschlag nach unten oder nach oben. Jetzt befindet er sich genau über dem Rand der unterirdischen Wasserader. Den Ausdruck „mit sicherem Ausschlag" möchte ich abschwächen, denn bei weniger Sensiblen senkt oder hebt sich die Rute gemächlich.

Bevor ich die Vorwarnungen und deren Bedeutung erkläre, beschreibe ich die Lagebestimmung einer unterirdischen Wasserader mit Hilfe der anderen Instrumente.

2   Mit Hilfe einer Gabelrute

Haltung und Griff der Gabelrute werden auf Seite 26 beschrieben. Der Vorgang der Lagebestimmung ist derselbe wie bei der Holzgabel und Metallrute. Auch die Vorwarnungen werden bemerkt und markiert. Beim Betreten der Reizzone fangen die Gabeln an zu schwingen; auf der Ader schwingen sie schön gleichmäßig.

3   Mit Hilfe eines Pendels

Über die richtige Pendelhaltung geben die Seiten 31 und 32 Auskunft. Der Pendel schlägt vom Pendler weg nach vorne aus. Bei den Vorwarnungen zeigt er Unruhe. Beim Betreten des radiästhetischen Feldes fängt er an zu rotieren, wobei er – je nach der Polarität des Pendlers – entweder einen Kreis oder eine Ellipse beschreibt. Wo Kreis oder Ellipse am vollkommensten sind, liegt die Mitte der Ader.

4   Lagebestimmung mit bestimmten Körperteilen

a) Ohne vorhergehende „Abmachung" mit Rute und Pendel
Hier liegt der Anfang der unterirdischen Ader genau unter der Spitze der Rute bzw. des Pendels; bei Verwendung einer Gabelrute genau unter dem Schnittpunkt der beiden schwingenden Gabeln.

b) Lagebestimmung mit Hilfe der Fußspitze
Der Radiästhet kann mit Rute und Pendel mental „vereinbaren", daß die Mitte der Ader unter der Fußspitze liegt. Dies ist von Bedeutung, wenn eine Ader mit einem Bohr- oder Schlagrohr angezapft wird, da in diesem Fall die Mutung der Wasserader genau stimmen muß. Wird ein Brunnen nach alter

Art mit einem Durchmesser von wenigstens einem Meter errichtet, so macht dieser kleine Unterschied nichts aus. Will der Radiästhet die Lage der Ader mit der Fußspitze ausfindig machen, so muß er, wenn er auf die Ader zugeht, den Boden jeweils zunächst mit der Fußspitze, also den Zehen, „abklopfen".

c) Lagebestimmung mit dem Zeigefinger
Diese Art der Mutung ist nötig, wenn es sich um einen Rohrbruch handelt. Der Pendler nimmt hierzu den Pendel in die ihm zugeartete Hand (der Rechtshänder in die rechte, der Linkshänder in die linke). Mit dem Zeigefinger der anderen Hand fühlt er den Boden ab. Wenn er den Rohrbruch gefunden hat, rotiert der Pendel.

d) Lagebestimmung mit der flachen Hand
Wem die *fühlende Hand* gegeben ist, der fühlt den Boden mit der Innenfläche der Hand ab und verspürt über der Ader ein Kribbeln oder Ziehen in der Hand oder in den Muskeln der Finger.

Lagebestimmung bei Bodenschätzen

Die Lagebestimmung von Bodenschätzen wird auf dieselbe Weise vorgenommen wie diejenige unterirdischer Wasseradern. Dabei ist in jedem Fall mit Hilfe der kombinierten Methode zu überprüfen, was man gemutet hat (siehe dazu Seite 24).

Überprüfung durch die materielle Methode

Wer zur Sicherheit seine mentale Mutung durch die materielle überprüfen will, findet hiefür einige Kennzahlen:

Blei:	21	Kupfer:	7
Eisen:	4	Magnesium:	19
Erdöl:	22	Messing:	8
Gold:	11	Salz:	12
Hohlraum:	6	Silber:	6
Kohle:	30	Wasser:	7

Vorwarnungen

1   Wir haben gehört, daß sowohl Rutler wie Pendler, wenn sie auf ein radiästhetisches Feld zugehen, von jeder Seite her zweimal durch Zucken der Rute und Unruhe des Pendels eine Vorwarnung verspüren und daß sie diese Vorwarnungs-Stellen für spätere Mutungen markieren sollen.

2   Was bewirkt die Vorwarnung?
Das *untere* und *obere Niveau* einer Ader (Wasser- oder Ader von Bodenschätzen) bewirken die Vorwarnungen. (Zum Wert der Vorwarnungen siehe Seiten 43 und 66.)

Fließrichtungsbestimmung bei einer unterirdischen Wasserader

1   Mit Hilfe einer Holz- oder Metallrute

Hat man die Lage gemutet, so folgt zweckmäßigerweise die Mutung der Fließrichtung, denn wenn diese festgelegt ist, können die Breite der Ader und das Volumen des Wassers gemutet werden.
Um die Fließrichtung zu muten, stellt sich der Radiästhet über die Mitte der Ader, hält sein Gerät in Ausgangsstellung und dreht sich ganz langsam im Kreis herum. *Flußaufwärts hebt* sich die Rute; *flußabwärts senkt* sie sich. Es ist dies umgekehrt, wenn der Rutler negativ gepolt ist.

2   Mit Hilfe einer Gabelrute

Die Gabelrute *schlägt stromaufwärts dem Rutler zu, stromabwärts von ihm weg*. Wenn der Rutler nicht genau über der Mitte der Ader steht, sind die Schwingungen der beiden Gabelruten ungleich. Dies mag ihm dabei helfen, die genaue Fließrichtung festzulegen.

3   Mit Hilfe eines Pendels

Der Pendel *schlägt stromaufwärts dem Pendler zu, stromabwärts vom Pendler weg*.

Breitenbestimmung bei einer unterirdischen Wasserader

1 Mit Hilfe einer Holz- oder Metallrute

Da wir nun die Fließrichtung kennen, kann die genaue Breite der Ader auf folgende Weise festgestellt werden: Man stellt sich quer zur Fließrichtung und schreitet also im rechten Winkel zur Fließrichtung voran. Die Rute *hebt* oder *senkt sich* (je nach der Polarität des Radiästheten), wenn man den *Rand der Ader* erreicht hat. Man markiert diese Stelle und schreitet ebenfalls im rechten Winkel weiter über die Ader zum anderen Rand. Auch hier hebt oder senkt sich wieder die Rute. Somit ist die exakte Breite der Ader festgelegt.

2 Mit Hilfe einer Gabelrute

Der Rutler geht in gleicher Weise vor, wie dies auf Seite 26 beschrieben wird. Die Gabeln hören auf zu rotieren, wenn er jeweils einen Rand der Ader erreicht hat.

3 Mit Hilfe eines Pendels

Auch der Pendler geht in gleicher Weise vor. Der Pendel *schlägt nach vorne aus,* bis der Pendler jeweils einen *Rand der Ader* erreicht hat. An dieser Stelle beginnt der Pendel zu *rotieren.*

Tiefenbestimmung bei einer unterirdischen Wasserader

1 Mit Hilfe einer Holz- oder Metallrute

Hierzu gibt es zwei Methoden:

a) *Mental-psychometrische Methode*
Der Rutler stellt sich mit seiner Rute in Ausgangshaltung über die Mitte der Ader.
CM (= Konzentration) ist vorausgesetzt!

OM macht ihn empfindlich für die Tiefe der Ader.
IM verlangt vom Rutler eine mentale *Abmachung* mit seiner Rute z. B. jede Sekunde sei 1 Meter Tiefe. Wenn die Tiefe erreicht ist, soll die Rute sich senken oder heben (gemäß seiner Polarität).

b) *Mit Hilfe der Vorwarnungen* (siehe Skizze, Seite 43)
Die Tiefe wird mit Hilfe der *ersten* Vorwarnung nach folgender Regel berechnet: Die Tiefe der Ader ist gleich dem Abstand von der ersten Vorwarnung bis zur Mitte der Ader. Mißt also z. B. der Abstand von der ersten Vorwarnung bis zur Mitte 7 Meter, so liegt die Ader ca. 7 Meter tief. Diese Regel setzt allerdings voraus, daß der Abstand beider Vorwarnungen bis zur Mitte der Ader der gleiche ist. Ist der Abstand verschieden groß, so kann man annehmen, daß die Ader unter einer Kies- oder Lehmschicht oder sogar unter einem Felsen liegt.
Mit Hilfe *beider* Vorwarnungen kann die Tiefe nach folgender Regel gemutet werden: Je größer der Abstand der ersten von der zweiten Vorwarnung ist, umso größer ist die Wassertiefe der Ader.

2 Mit Hilfe eines Pendels

Die Tiefenbestimmung nach der mental-psychometrischen Methode, wie sie vorhin für den Rutler dargelegt worden ist, kann analog dazu auch vom Pendler durchgeführt werden.
Mathematisch genau kann man mit keiner der genannten Methoden die exakte Tiefe einer unterirdischen Wasserader berechnen.
Jeder Radiästhet tut gut daran, sich bei bestehenden Ziehbrunnen zu eichen, indem er dort die Zuflüsse sucht und deren Tiefe bestimmt und erst nachher vom Besitzer die genauen Angaben erfragt.

Volumenbestimmung bei einer unterirdischen Wasserader

Das schwierigste ist die Volumenbestimmung bei einer Wasserader.

1 Die einen versuchen, das Volumen nach mental-psychometrischer Methode zu muten. Sie nehmen als Maß einen Liter Wasser pro Sekunde, stellen sich dabei mit Rute oder Pendel über die Mitte der Wasserader und treffen nach Abschalten von anderen Gedanken *(= CM)* mit der Rute und anschließend mit dem Pendel (oder umgekehrt) die *OM*- und *IM-Abmachung*. Die Rute gibt ihren Ausschlag, und der Pendel fängt an zu kreisen,

wenn die Anzahl der Sekunden die Anzahl der Liter erreicht hat. Zu beachten ist allerdings, daß Rutenausschlag und Pendelschwingung von vielen anderen Faktoren beeinflußt werden können (siehe Seiten 69 und 70). Man tut gut daran, diese Methode am Überlauf eines Brunnens auszuprobieren oder die errechnete Menge durch Nachmessen an Schächten zu kontrollieren.

2 Andere wollen das Volumen an der Schnelligkeit des Rotierens ihres Pendels muten. Doch die Größe des Druckes der unterirdischen Wasserader, die man an der Schnelligkeit des rotierenden Pendels ersehen will, kann auch von anderen die unterirdische Ader umgebenden Faktoren abhängen.

3 Eine nicht einfach von der Hand zu weisende Methode der Mutung des Wasservolumens ist die Volumenbestimmung mit Hilfe der Vorwarnungen. Wenn die Abstände der Vorwarnungen auf beiden Seiten die gleichen sind, dann darf man daraus schließen, daß je größer der Abstand, umso größer das Volumen ist (siehe Skizze, Seite 43).

Die Qualitätsbestimmung des Wassers einer unterirdischen Ader

Die Qualität des Wassers kann schon aus der unterirdisch dahinfließenden Ader mental gemutet werden. Der Radiästhet stellt sich mit der Rute über die Ader und erfragt nach Methode CM–OM–IM, ob das Wasser trinkbar ist. Nachher macht er zur Überprüfung denselben Test mit dem Pendel. Ist die Ader als für einen Trinkwasser-Brunnen tauglich gemutet worden, dann muß der Radiästhet das Wasser noch auf dessen Genießbarkeit testen. Der Test ist der gleiche, wie er im Kapitel *Untersuchung von Nahrungsmitteln* erläutert wird.
Der Test auf Trinkbarkeit kann auch nach materieller Methode durchgeführt werden mit Hilfe eines mit genießbarem Wasser gefüllten Röhrchens, wie dies auf Seite 24 erklärt wird. Es ist natürlich Pflicht, Trinkwasser durch das Gesundheitsamt überprüfen zu lassen.
Mineralwasser kann mit Hilfe derselben Methode gefunden werden.
Ebenso kann Thermalwasser gemutet werden.
Nach mentaler Methode ist die *CM* (geistige Konzentration) in allen Fällen die gleiche. Die *OM* (geistige Orientierung) richtet sich nach dem Objekt, das gemutet wird. Und *IM* (geistige Befragung) bedeutet: „Wenn das gemutete Objekt Thermalwasser ist, dann soll der Pendel rotieren bzw. die Rute ausschlagen."

Wenn die genaue Temperatur von Thermalwasser gemutet werden soll, stellt sich der Radiästhet über die Ader und fährt mit einem Spitzpendel langsam über einen Zentimeterstab von Null nach oben, bis der Pendel durch das Ziehen schöner Kreise den Wärmegrad des Wassers angibt.
Um sich hiefür einzuüben, kann der Pendler über einem Behälter mit warmem Wasser den Grad der Temperatur muten und seine Mutung dann mit dem Thermometer überprüfen.

Bisher wurde nur *eine* unterirdische Wasserader besprochen. Es bedarf noch einiger Worte über Kreuzungen von zwei oder mehreren Wasseradern oder Kreuzungen von Wasseradern mit anderen Strahlen von unten:

1   Wenn der Radiästhet eine Störzone entdeckt hat, dreht er sich langsam mit Rute oder Pendel im Kreis herum, indem er mental fragt, ob noch eine andere Störzone vorliegt. Jede Ader oder jede Störung durch weitere Strahlen von unten geben sich durch Rute oder Pendel kund.
Auch Richtung, Tiefe usw. jeder zusätzlichen Ader oder anderer Strahlen können mental gemutet werden.

2   Um Adern auf Wasser zu erproben, nimmt der Radiästhet über der Ader stehend in die eine Hand seinen Pendel, in die andere ein Glas Wasser. Er läßt den Pendel rotieren, dann berührt er mit dem Zeigefinger das Wasser im Glas. Hört der Pendel auf zu rotieren, so führt die Ader Wasser. Man kann auch ein Stück Eisen (z. B. einen Schlüssel) auf die Stelle legen, wo man Wasser vermutet – und wiederum, wenn der Pendel aufhört zu rotieren, ist es ein Zeichen dafür, daß Wasser geortet wurde (siehe dazu auch Seite 24). Auch für andere Untersuchungen (z. B. von Bodenschätzen) kann dieser Test mit einem Stück Eisen dienen.
Solche Tests muß der Radiästhet für alle Adern einer Kreuzung machen, indem er sich bei jeder Ader in deren Fließrichtung stellt.

3   Anstatt diesen Test mit einem Glas Wasser zu machen, kann man auch ein Stück Eisen auf die Ader legen. Falls bei einer Ader der Pendel nicht stillsteht, wenn der Pendler das Wasser im Glas berührt oder ein Stück Eisen auf die betreffende Stelle gelegt wird, dann wird eine Kreuzung mit einer anderen Art von Strahlen vorliegen.

Größere Sicherheit im Rutengehen und Pendeln erfordert, daß:

– der Radiästhet sich und seine Instrumente vor jedem Muten entodet.
– er den Atem anhält für einige Sekunden, wenn er eine Störzone entdeckt

hat. Halten Rutenausschlag und Pendelschwingung an, so liegt eine Störzone vor.
– er nicht gleich auf eine erste Mutung hin handelt.
– er eine Ader sowie allgemein jede Störzone von beiden Seiten her testet.
– er nur mutet, wenn er körperlich und geistig fit ist.
– er nur bei gutem Wetter mutet. Nasser Grund macht das Muten unmöglich. Trockener Schnee beeinflußt das Muten nicht, wohl aber große Kälte; ebenso große sommerliche Hitze, da beide das Reaktionsvermögen des Nervensystems beeinträchtigen.
– er alles Metall, selbst Armbanduhr und die in Metall gefaßte Brille, ablegt.
– niemand näher als zwei Meter bei ihm steht. Auch in etwas weiterer Entfernung sollen Anwesende nicht zusehen, da besonders das Gesicht stark ausstrahlt.
– wenn möglich, ein zweiter Pendler mutet, ohne daß ihm zuvor der Befund des ersten Pendlers mitgeteilt wurde.
– der Radiästhet für sich die beste Zeit für ein erfolgreiches Muten herausfindet. Allgemein kann man sagen, die beste Zeit ist morgens zwischen 8 und 10 Uhr und nachmittags zwischen 14 und 16 Uhr.

Launen der Natur

Trotz aller Vorsichtsmaßnahmen, die der Radiästhet zu beachten sich bemüht, um keine Fehldiagnosen zu machen, die ihn selbst sowie die Radiästhesie in Verruf bringen können, kommt er einer Schwierigkeit kaum bei, und das sind die Launen der Natur, die sich sowohl im Gelände wie auch in der Bodenbeschaffenheit und in den Witterungsverhältnissen zeigen können.

1   Gelände ist nicht gleich Gelände: Auf ebenem Feld, wo auch mit Hilfe der Vorwarnungen gemutet werden kann, ist eher auf 99%ige Sicherheit der Mutung zu vertrauen als in einer Gebirgsschlucht. Der Abhang läßt zwar mit aller Sicherheit die unterirdische Wasserader muten, da aber das Umfeld unsymmetrisch ist, kann angenommen werden, daß das Wasser sich nicht genau dort befindet, wo Pendel und Rute hinweisen; dies ist je mehr zu befürchten, je tiefer die Ader gemutet wird. Läßt sich die Wasserader in der berechneten Tiefe nicht finden, so könnte der Radiästhet mit Pendel und Rute in der schon gegrabenen Tiefe muten, ob die Ader nicht möglicherweise in der nächsten Umgebung verläuft.

2   Verschiedenartige Bodenbeschaffenheit kann zu einer weiteren Fehldiagnose führen. So kann eine Sandschicht, die früher einmal Wasser führte, zu einem „Irrlicht" werden.
Ebenso können Grundstrahlen anderer Objekte, die sich in der Erdschicht zwischen Oberfläche und Wasserader befinden, eine falsche Mutung hervorrufen.

3   Zu beachten sind bei jeder Mutung vor allem auch die Wetterverhältnisse. Da Strahlen aus der Erde, um uns und von oben sich vermischen, ist die augenblickliche Witterung von entscheidender Bedeutung. Vor allem sei vor einem Gewitter gewarnt, da es die Ionisation der Luft und damit den Organismus des Pendlers stark beeinflußt.

Diese Launen der Natur, die sich dem Radiästheten auch noch in Form weiterer „Irrlichter" zeigen, ermutigen ihn, des öfteren zu muten und bei den Grabungen, wenn möglich, zugegen zu sein, um Bodenbeschaffenheit, Wetterverhältnisse und Ortsverhältnisse im Blickfeld zu haben.

Vom Brunnengraben, -schlagen, -bohren

Zum Abschluß der radiästhetischen Arbeit im Freien noch ein Wort über das *Brunnengraben, -schlagen* und *-bohren*.

Allgemein ist zu beachten, daß:

– Brunnen nur angelegt werden sollen in einem recht trockenen Herbst, sodaß man sicher sein kann, daß der Brunnen auch in der trockenen Jahreszeit noch Wasser hat.
– die Ader auf Tiefe, Volumen und auf gesundes Wasser getestet werden soll.
– die Distanzen der Vorwarnungen geprüft werden, ob sie gleiche Länge zur Mitte der Ader haben. Ungleiche Länge derselben deutet auf felsigen Grund hin. Sehr oft liegt die Ader unter einer Felsschicht, die das Schlagen eines Brunnens unmöglich macht, da die Spitze des Schlagrohrs abbrechen würde. Felsiger Grund kann das Unternehmen auch unrentabel machen.

Beispiel für ein gelungenes Brunnenschlagen

Der Neubau war fertig; der Garten vor dem Haus angelegt. Woher aber das kostspielige Naß zur Bewässerung beziehen? Der Hausherr fertigte ein

Schlagrohr von acht Meter Länge an und schlug es in den Grund, den ihm ein Pendler anzeigte. Auf halbem Weg in die Tiefe brach die Spitze des Rohres, bedingt durch felsigen Untergrund, ab. Der Hausherr wurde auf mich aufmerksam gemacht. Ich mutete mental eine passende Stelle im Garten, frei von hartem Grund, und mutete auch mental gutes Wasser, dazu in reichlicher Menge in einer mutmaßlichen Tiefe von sieben Metern.
Nun machte er einen zweiten Versuch. In ca. sechs Meter Tiefe gab das Erdreich nach, ein Zeichen dafür, daß das Schlagrohr auf feuchten Grund gestoßen war. Er schlug das Rohr noch einen Meter tiefer – und das Resultat: ein Volltreffer! Nachdem er mit einer Motorpumpe zunächst allen Sand herausgepumpt hatte, bildete sich schon ein Reservoir von frischem, klarem Wasser um das Schlagrohr. Drei Stunden ließ er die Pumpe im Einsatz, ohne daß das Wasser ausging. Danach brachte er mir eine Flasche dieses Wassers. Ich prüfte es nach mentaler Methode auf seine Trinkbarkeit; dann tranken wir ein Glas auf das gelungene Werk. Dies war vor etlichen Jahren, und letzthin wurde mir auf meine Nachfrage mitgeteilt, daß der Brunnen noch nie versagte.

Aufsuchen einer Quelle

Eine Quelle ist noch praktischer und billiger als ein Brunnen, da das Wasser nicht geschöpft zu werden braucht.

1   Beim Aufsuchen einer Quelle geht man genauso vor wie beim Aufsuchen *einer* unterirdischen Wasserader (siehe Seiten 61–63).

2   Was macht eine Wasserader zur Quelle?
Unterirdische Wasserläufe, die in wasserundurchlässige Schichten eingebettet sind, strömen oft unter starkem Druck dahin. Dieser Druck bewirkt an Stellen, wo es die geologische Beschaffenheit erlaubt, einen starken Druck nach oben, d. h. der unterirdische Wasserlauf wird zur Quelle oder kann durch menschliche Hilfe zur Quelle werden.

Mutung unterirdischer Wasseradern in einem Raum

Ab Seite 60 befaßten wir uns in dieser Abhandlung mit Wasseradern im Freien.
Es bedarf noch einer kurzen Abhandlung über *Wohnungen* und *Arbeitsstätten* über unterirdischen Wasseradern.

1 Der Grund und die Notwendigkeit, hierüber noch eigens zu schreiben, sind uns schon bekannt, nämlich daß der Mensch ein ausgesprochener Strahlenflüchter ist.

2 Die Lagebestimmung einer Ader in einem Raum wird erschwert durch die Enge des Raumes und die Möbel, die sich darin befinden.

3 Nur die Fließrichtung und die Breite der Ader zu bestimmen ist nötig, um richtig *abschirmen* zu können, falls man wirklich den Strahlen nicht ausweichen kann.
Eine bestmögliche Abschirmung, auch Entstörung genannt, kann nur von einem erprobten Radiästheten oder Radiästhesisten durchgeführt werden.

4 Wie schon auf Seite 43 im Absatz unter der Skizze ausgeführt wurde, ist nicht das Gesamt-Strahlungsfeld gesundheitsschädigend. Als Störzonen im eigentlichen Sinn sind es bei jeder Ader nur fünf parallel laufende Zonen: die der Ader selbst und zu beiden Seiten von ihr die zwei Vorwarnungsstreifen. Ich stimme in dieser Erkenntnis mit führenden Radiästheten, wie Oberberger, Bachler u. a. m., überein. Wie die Skizze von Seite 43 zeigt, steigen die Erdstrahlen, die durch eine unterirdische Wasserader ziehen, vom Erdboden an wieder gerade nach oben.

Skizze der Störzonen einer Ader, von oben gesehen

1 = erste Vorwarnung
2 = zweite Vorwarnung } auch *Ankündigung* oder *Randstreifen* genannt

Aus Unkenntnis dieser Tatsachen ergeben sich manchmal Meinungsverschiedenheiten unter den Radiästheten, weil das gesamte Strahlungsfeld als Störzone angesehen wird (siehe Seite 43). Für die Wohnungsmutung bedeutet dies, daß lediglich die erwähnten Streifen als *pathogene Zonen* für die Bewohner anzusehen sind; d. h. ihr Organismus muß gegen die Störzone ankämpfen; er wird dadurch geschwächt und für Krankheiten anfällig. Alle Streifen sind also zu meiden, aber dazwischen gibt es gute Arbeits- und Schlafplätze, wie Käthe Bachler in ihrer Dokumentation von 3 000 Wohnungsmutungen klar erwiesen hat.

Die Forscherin Käthe Bachler mußte des wissenschaftlichen Beweises wegen die vielen Wohnungsmutungen derart genau durchführen, daß sie im ganzen Raum, oft auch im ganzen Haus, alle Wasseradern und das gesamte Curry-Netz genau bestimmte und zeichnete. Das war zeit- und kraftraubend. Sie hat aber in letzter Zeit beobachtet, daß einige Sensitive, d. h. höchst Sensible, fähig waren, ohne Zeit- und Kraftaufwand den guten Schlafplatz richtig zu muten. Wie stellten sie dies an? Eine von ihnen berichtete:

„Ich ersuche zuerst die Anwesenden, mich für kurze Zeit allein zu lassen, damit ich mich in aller Ruhe besinnen kann . . . Dann schaue ich im Raum umher; den Pendel habe ich in Ruhestellung in der Hand, und schon nach ein bis zwei Minuten schlägt der Pendel dorthin, wo ein guter Schlafplatz ist, d. h. der Pendel verdeutlicht meinen Kontakt mit der guten Strahlung. Dann gehe ich dorthin und schaue, wie groß dieser gute Platz genau ist. Ich prüfe also von dort ausgehend, wo genau die Wasserader beginnt und wo der Curry-Streifen beginnt. Dann erkenne ich, wie das Bett auf diesem guten Platz aufgestellt werden kann. Dann lade ich die Auftraggeber ein zum Kommen und zeige ihnen das Ergebnis meiner Untersuchung. Zur Kontrolle lade ich dann die Personen ein, den *Platztest* zu versuchen, d. h. mit geschlossenen Augen zu beobachten, wie sie sich auf diesem Platz fühlen. Fast jedesmal bekomme ich zur Antwort: ‚Hier fühle ich mich sehr wohl, hier kann ich gut durchatmen, hier habe ich keine Schmerzen.' Viele können das kaum fassen; sie machen dann den Platztest auf dem ‚schlechten' Platz und verspüren ein Unbehagen, ein Kribbeln, eine Nervosität, eine Beklemmung und Schmerzen an ihren Schwachstellen."

Käthe Bachler hatte einige dieser Untersuchungen der Sensitiven nachgeprüft und kam zur Überzeugung: Sie stimmen genau! Warum also zeit- und kraftraubend arbeiten, wenn es einfach auch geht? Vielleicht wird dies die Methode der Zukunft sein, die gute Strahlung anzupeilen.

Andere sensible Pendler gehen in gleicher Weise vor. Sie stellen aber *mental* die Frage: „Ist in diesem Raum eine Störzone?", und bei solchen Pendlern zeigt der Pendel die *Störzone* an. Dies zeigt wiederum, daß verschiedene Pendler mit verschiedenen Methoden zum gleichen Resultat kommen. Wie schon in der Einführung zum Buch gesagt wurde: Rutengehen und Pendeln ist individuelle Veranlagung.

Strahlen aus der Umwelt

1. Die biologische Radiästhesie

Bisher behandelten wir aus der materiellen Radiästhesie die Strahlen von unten, also jene, welche aus der Erde kommen. Jetzt gehen wir über zu den Strahlen, die aus der Umwelt auf uns zukommen (vgl. die Übersicht auf Seite 40). Die dort angeführte Gliederung darf aber nicht als Aufteilung des Themas „Radiästhesie" angesehen werden. Dies würde auf die Unterstellung hinauslaufen, daß die Radiästhesie sich in drei verschiedene Teile zerlegen ließe, die nichts miteinander zu tun haben: in Strahlen von unten, Strahlen aus der Umwelt und Strahlen von oben. Wir und unsere gesamte Umwelt sind von Strahlen umgeben, die von unten kommen und aus der Umgebung und auch von oben. Nur zur leichteren Abhandlung des Themas „Strahlenfühligkeit" wurde diese Gliederung vorgenommen.

Strahlen aus der Welt der Technik, die gesundheitsschädlich sind

Die moderne Technik, die unseren hohen Lebensstandard zuwege brachte, hat auch ihre Schattenseiten. So treten gleichzeitig mit den Vorteilen unserer heutigen technischen, elektrischen und industriellen Zivilisation eine ganze Reihe von Nachteilen auf. Wie sehr sehnen sich doch z. B. die Städter nach der frischen, von Abgasen freien Landluft.

Hinweise hinsichtlich Störfaktoren aus dem Bereich der Technik, die in Stadt und Land gleichermaßen für unsere Gesundheit von Bedeutung sind, ob nun in Häusern oder Büros, Werkstätten usw.:

– Das Bett soll womöglich in Nord-Süd-Richtung stehen, und zwar mit dem Kopf nach Norden. So wird der Schläfer von dem Meridian durchflutet, der magnetische – das sind gesundheitsfördernde – Strahlen ausstrahlt. Das Bettgestell soll aus Holz sein. Dreiteilige Sprungfedermatratzen und Sprungfederroste sind, gleichsam wie Antennen, besonders geeignet, schädliche Strahlen anzuziehen.

– Die Quecksilberbeschichtung von Spiegeln sendet starke, gesundheitsschädliche Radioaktivität nach allen Richtungen aus. Überhängen der Spiegel durch Stoffe ist nutzlos, da radioaktive Strahlen Stoffe ungemindert durchdringen. Eine Aluminiumfolie hingegen mindert die Stärke der Strahlung. Am besten ist es, Wand- und Schrankspiegel aus dem Schlafzimmer zu entfernen, ebenso Radio- und Fernsehapparate, Nachtlämpchen etc.

– Die Kleidung soll aus Naturfasern bestehen. Nylon und Tierprodukte aller Art, wie Schuhe, Pelze, Pferdehaareinlagen in Matratzen, Schafwolle in Decken, können bei Allergikern Hautjucken und Asthmaanfälle hervorrufen.

– Viele Menschen wissen auch aus eigener Erfahrung, daß sie manche Wasch- und Putzmittel nicht vertragen. Sie bekommen Allergien wie Hautjucken, wenn sie Unterwäsche tragen, die mit gesundheitsschädigendem Waschpulver gewaschen wurde. Andere bekommen offene Hände beim Gebrauch von Putzmitteln, gegen die sie allergisch sind. Radiästheten können muten, welche Putzmittel für eine Person schädlich sind.

Wirkung des menschlichen Kraftfeldes auf das der Pflanzen (und umgekehrt)

Daß solche Wirkungen bestehen, kann der Pendler nachweisen. Er nähert sich mit seinem Pendel einer Pflanze. Wirkt seine eigene Strahlkraft harmonisch auf die der Pflanze, so erweitert sich der Bereich der Aura der Pflanze; ist sie der Pflanze „unsympathisch", so verkleinert sie sich. Umgekehrt ist festgestellt worden, daß es Pflanzen gibt, die auf den Menschen „unsympathisch" wirken. Es gibt Menschen, die in der Nähe bestimmter Pflanzen in Ohnmacht fallen, und anderseits Pflanzen, die in solchen Fällen eingehen. Es ist also Vorsicht geboten bei Zimmerpflanzen.

Wirkung der pflanzlichen Kraftfelder zueinander

Stellt man zwei Pflanzen nebeneinander und hält den Pendel zunächst über der einen, bis er gut rotiert, und bringt ihn dann – noch rotierend – über die andere, so können sich folgende Möglichkeiten ergeben:

Rotiert der Pendel über beiden Pflanzen weiter im bejahenden Kreis (gemäß der Polarität des Pendlers), so sind die Pflanzen einander „sympathisch". Geht der Pendel in einen verneinenden Kreis über oder zieht er einen Querstrich zwischen den beiden Pflanzen, so passen diese nicht zusammen. Auch ein horizontaler Strich vor den beiden Pflanzen besagt „Antipathie".
Der Pendel zeigt in der Hand des Pendlers zwischen verschiedenen Materien, auch zwischen zwei Personen, auf gleiche Weise Harmonie oder Abneigung an. Es ist jedoch bei allen diesen Mutungen zu beachten, daß viele Umstände zu einer Fehldiagnose führen können (siehe Seiten 68–70).

Wirkung des menschlichen Kraftfeldes auf Tiere (und umgekehrt)

Der Pendler kann aus der Schwingung seines Pendels feststellen, ob gesundheitsfördernde Partnerschaft zwischen einer Person und ihrem animalischen Hausgenossen besteht.
Allgemein wurde festgestellt, daß bei Menschen, die ein Tier streicheln, der Blutdruck sinkt und die Zahl der Herzschläge abnimmt.
Ebenso ist menschlicher Kontakt für das Tier wohltuend. Dies zeigen Tiere durch den Ausdruck des Wohlgefühls, das ihnen Menschen damit bereiten.

Wechselwirkung der menschlichen Kraftfelder zueinander (Partnerschafts-Diagnose)

Auch der Wert einer Partnerschaft zwischen Menschen kann erpendelt werden.
Um herauszufinden, ob zwei Personen zusammenpassen – als Freunde oder Geschäftspartner –, stellt man die beiden nebeneinander. Dann läßt man den Pendel über der einen Person ins Rotieren kommen, und während er rotiert, bringt man ihn über die andere Person.

Hierbei ergeben sich folgende Möglichkeiten:

– Der Pendel rotiert weiter. Dies bedeutet, daß die beiden zusammenpassen.
– Der Pendel geht vom Rotieren in einen horizontalen Strich vor den beiden über. Dies bedeutet, daß sie zwar zusammenpassen, daß sie aber keine seelische Harmonie finden werden; im Fall eines Geschäftspartners, daß er sich zwar am Geschäft beteiligen wird, aber ohne besonderes Interesse.

— Der Pendel geht vom Rotieren in einen vertikalen Strich zwischen den beiden über, gleichsam als ob er sie voneinander trennen möchte. Dies bedeutet, daß sie nicht zusammenpassen.
— Geht der Kreis über den beiden in eine Ellipse über, so bedeutet dies Antipathie.

Damit der Pendler diese verschiedenen Pendelzeichen erreicht, muß er die rein mentale Methode beherrschen, die Mermet mit CM–OM–IM bezeichnete.
Statt der Personen kann man auch ein Od derselben nehmen. Als Od hiefür dienen: eine Ganzaufnahme im Original und eine originale Handschrift.

Ehepartnerschafts-Diagnose

Auch eine Ehepartnerschafts-Diagnose kann auf die gleiche Weise gemacht werden. Der Verfasser rät aber davon ab; denn Pendeln wird *Muten* genannt. Es besteht also keine hundertprozentige Sicherheit. Zu viele Faktoren können falsche Pendelzeichen bewirken.
In einem Fall wurde zwischen zweien, die sich dieser Mutung unterzogen, ein Trennungsstrich festgestellt, obwohl sie zur Zeit ganz ineinander verliebt waren. Dieser eigenartige und ganz unerwartete Trennungsstrich hatte sich aber doch später bewahrheitet. Sie heirateten; aber ihre anfänglich leidenschaftliche Liebe hielt im Lebenskampf nicht durch – sie trennten sich.
Beim Pendeln betreffs einer Ehepartnerschaft müssen zusätzlich auch die physischen, psychischen und intellektuellen Eigenschaften beider Personen ausgependelt und entsprechende Schlußfolgerungen daraus gezogen werden.
Über die physischen Eigenschaften – oder besser: den Gesundheitszustand – handelt das folgende Kapitel. Über die Mutung der psychischen und intellektuellen Eigenschaften berichtet die mentale Radiästhesie.

Medizinische Radiästhesie

Für Ärzte und Heilpraktiker kann es eine große Hilfe bedeuten, wenn sie mit Rute oder Pendel arbeiten können. Treffsicher und in wenigen Minuten können sie dadurch vieles bestimmen, was sonst mit umständlichen Apparaturen, oft sehr zeitraubend und teuer, ausgeforscht wird.

„Alles strahlt", also auch jedes einzelne Organ im menschlichen und tierischen Körper. Will man ein *krankes Organ* am Menschen orten, so muß sich der Patient flach hinlegen. Mit dem Pendel wird jedes Organ des Körpers geprüft. Wenn der Pendel das negative Zeichen gibt, ist der Krankheitsherd gefunden. Es können auch mit Hilfe des Pendels der Blutdruck, die Bluttemperatur und selbst medizinische Laborwerte schnell und exakt gemessen werden. Will der Pendler sich selbst untersuchen, so benützt er dazu eine Tabelle, die den menschlichen Körper mit allen Organen aufweist, und fährt mit dem Pendel in gleicher Weise darüber, wie es der pendelnde Arzt beim Patienten tut.

Für einen Abwesenden können über einem Foto, das eine Ganzaufnahme sein muß, die einzelnen Organe abgependelt werden. Ich möchte hier aber ernstlich vor einer Scharlatanerie warnen. Der Laie ist nicht berechtigt, mit Hilfe des Pendels Diagnosen zu stellen oder Therapien zu bestimmen.

Nachdem der Arzt die Diagnose gestellt hat, sucht er für den Patienten die *geeignete Medizin*. Er legt die in Frage kommenden Medikamente einzeln vor sich auf den Tisch und läßt den Pendel in einem Abstand von 1 bis 2 cm darüber in Schwingung kommen. Anhand der mentalen Methoden (CM–OM–IM) wird der Pendel die richtige Antwort geben. Oder der Pendler legt mehrere Medikamente im Halbkreis vor sich hin und fragt (mit der linken Hand den Patienten berührend), welches dieser Medikamente am geeignetsten ist. Dann wird der Pendel zu diesem hinzeigen.

Auch der Tierarzt kann auf diese Weise leicht die Krankheit eines Tieres und die geeignete Medizin dagegen feststellen.

Untersuchung von Nahrungsmitteln

Bei der Untersuchung von *Nahrungsmitteln* verfährt der Pendler in gleicher oder in folgender Weise: Er legt jedes Nahrungsmittel einzeln zum Muten vor sich auf den entodeten Tisch, auf entodetes Material. Auch der Stuhl muß strahlenfrei stehen. Ein Stuhl aus Holz ist dem jeder anderen Art vorzuziehen, da Holz ein schlechter Leiter ist.

Die Nahrungsmittel dürfen sich auch in saubergehaltenen Behältern befinden, wie solchen aus Steingut, Glas, Porzellan oder in Papier eingewickelt oder in einem Karton. Der Pendler beachtet seine Polarität und kann so mental die für ihn oder für eine andere Person geeigneten Lebensmittel erpendeln.

Auf dieselbe mentale Methode mutet der erfahrene Pendler für sich oder andere auch die passenden *Getränke*.

2. Die botanische Radiästhesie

Mutungen im landwirtschaftlichen Bereich

1 Der des Pendelns fähige *Landwirt* kann bei der Feldbestellung mit seinem Pendel nach mentaler Methode feststellen, welche Düngemittel er jedem Feld geben muß sowie mit welcher Frucht er am vorteilhaftesten sein Land bestellt.

2 Dem *Gärtner* wie dem *Landwirt* ist es möglich, die Keimfähigkeit des Samens zu erpendeln. Dies ist vor allem vorteilhaft, wenn er Samen kauft und feststellen will, ob er noch keimfähig ist.
Um die Keimfähigkeit des Samens festzustellen, verfährt man auf die gleiche Weise wie bei der Untersuchung von Nahrungsmitteln. Man kann auch den Boden ausfindig machen, in dem der betreffende Same am besten gedeiht. Hierzu nimmt man eine Handvoll Erde, legt sie auf ein entodetes Blatt Papier, und daneben legt man den Samen. Man läßt den Pendel in Schwingung kommen über der Erde, und noch schwingend führt man ihn über den Samen. Schwingt der Pendel weiter, so ist diese Erde gut für den betreffenden Samen.

3 Der des Pendelns fähige *Geflügelzüchter* kann feststellen, ob Eier noch frisch und brutfähig sind und wie die Eier befruchtet sind, ob männlich oder weiblich.
Für diesen Test muß er jedes Ei einzeln waschen, dann leicht abtrocknen und auf entodetem Papier oder Stoff vollends trocknen lassen.
Bei frischen und brutfähigen Eiern schlägt der Pendel mit „Ja" aus, bei männlichen zieht er einen Kreis, bei weiblichen eine Ellipse und bei verdorbenen einen Querstrich.

4 Der *Kräuter-* und *Pilzesammler* kann feststellen, ob Kräuter und Pilze genießbar sind. Hierbei ist aber äußerste Vorsicht geboten, da viele Umstände Fehlmutungen bewirken können (siehe Seiten 68 und 69).
Bei Heilkräutern kann er die richtige Pflückzeit erpendeln sowie welche Teile der Heilkräuter heilend wirken (Wurzeln, Stengel, Blätter, Blüten).
Um festzustellen, ob ein Pilz genießbar ist, legt man die Hand mit ca. 3 cm Abstand neben den Pilz und hält den Pendel in ca. 2 cm Höhe über Hand und Pilz. Erfolgt eine Einkreisung, so ist der Pilz genießbar. Bei einem Trennungsstrich ist er giftig.

Zu beachten ist, daß Heilkräuter und Pilze nur in sauberer Natur gepflückt werden sollen, wo keine giftigen Mittel gespritzt wurden.
Es muß aber an dieser Stelle eindringlich darauf hingewiesen werden, daß Mutungen keine völlig sicheren Aussagen erlauben, so daß man sich besser nicht mit Mutungen betreffs Genießbarkeit von Kräutern und Pilzen befaßt.

Strahlen von oben

Die atmosphärische und kosmische Radiästhesie

Im ersten Teil des Abschnittes *Praktische Radiästhesie* haben wir bisher die *Strahlen von unten (aus der Erde)* und die *Strahlen aus der Umwelt* behandelt.
Somit verbleibt uns noch, uns mit den *Strahlen von oben* zu beschäftigen. Diese Strahlen kommen aus der *Atmosphäre* und dem *Kosmos*. Auch sie haben Einfluß auf sensitive Wesen. Wir behandeln hier insbesondere den Einfluß, den sie durch das Wettergeschehen auf Mensch, Tier- und Pflanzenwelt ausüben.
Einen allgemeinen Überblick über diesen Einfluß geben uns schon die Definitionen von Atmosphäre und Kosmos.

In der Radiästhesie verstehen wir unter Atmosphäre die *Lufthülle,* die die Erde umgibt.

Im folgenden sei kurz der Aufbau der Atmosphäre erklärt:

– Bis zu einer Höhe von 10 km über der Erdoberfläche nennt man die Lufthülle *Troposphäre*. In ihr spielt sich – hauptsächlich bedingt durch Verdunstung und Kondensation – das Wettergeschehen ab.
– Darüber liegt bis zur Höhe von ca. 17 km die *Stratosphäre*. Auch sie besitzt starke wetterbeeinflussende Strahlen.
– Dann folgt die *Ionosphäre* bis zur Höhe von ca. 500 km über der Erdoberfläche. Die Ionen verstärken besonders den Einfluß des Wettergeschehens auf sensible Wesen.

– Über der Ionosphäre liegt die *Protosphäre* bis zur Höhe von ca. 1 500 km. Diese enthält Wasserstoff-Ionen. Die Protosphäre geht ohne besonderen Übergang in den interplanetaren Raum über.

Unter *Kosmos* versteht man das Weltall mit seinen Himmelskörpern. Die Himmelskörper besitzen untereinander anziehende und abstoßende magnetische Strahlkraft. Diese hält das Weltall sozusagen in ordnungsmäßigem Gang. Die kosmischen Strahlen haben aber auch Auswirkungen auf die Erde und ihre Bewohner.
Die erste Gruppe unter den kosmischen Strahlen sind die *primären Strahlen,* die direkt auf die Erde einwirken.

Als Verursacher dieser Strahlen sind zu erwähnen:

– die *Sonne,* die uns durch ihre Strahlen Licht, Wärme und Leben gibt.
– die *Sterne,* die uns die dunkle Nacht erhellen.
– der *Mond,* der offensichtlich primäre Strahlen besitzt, die auf der Erde beim Meer Ebbe und Flut bewirken. Bei Vollmond zeigen sich bei vielen Menschen Schlaflosigkeit, gesteigerte Traumhäufigkeit und selbst Nachtwandeln. Schwermütige reagieren stark auf den Vollmond.

Die zweite Gruppe kosmischer Strahlen wird von den *sekundären Strahlen* gebildet. Als sekundäre Strahlen der Himmelskörper sind zunächst jene Strahlen anzusehen, welche von der Sonne kommen und auf der Erde die Jahreszeiten bewirken, in den Ländern zwischen dem nördlichen und südlichen Wendekreis z. B. die Tropenzone mit ihrer jeweils sechsmonatigen Regen- und Trockenzeit.
Sekundär im eigentlichen Sinn des Wortes nennt man jene Strahlen der Himmelskörper, die sich mit den elektrischen Strahlen der Lufthülle vermischen, welche die Erde umgeben, und somit zusammen mit diesen das Wettergeschehen auf der Erde bestimmen.

Das Wettergeschehen auf unserer Erde

1 Zwischen Erde und Ionosphäre besteht unter normalen Verhältnissen ein *elektrisches Gleichfeld* (eine ausgeglichene Feldstärke). Dieses Gleichfeld ist allerdings starken Schwankungen unterworfen, die es zu einem sogenannten *Wechselfeld* gestalten.

2 Diese Wechselfelder werden bedingt durch:

– *Temperaturwechsel.* Bei steigender Temperatur nimmt die Feldstärke ab.
– *fallende Winde.* Sie verursachen ebenfalls eine Verringerung der Feldstärke.
– *Regen, Gewitter* und *Schneefall.* Auch diese Wettererscheinungen verursachen Schwankungen in der Feldstärke.
– *geologische Differenzen* auf der Erde, wie hohe Gebirge, tiefe Täler und Meere. Sie bewirken ebenfalls verschiedene Feldstärken.
– *Sonnenflecken.* Von ihnen will man festgestellt haben, daß sie erhöhte Feldstärke bewirken.
– die moderne *Technik.* So erhöhen z. B. Rundfunk- und Fernsehsender stark die Luftelektrizität. Das gleiche gilt für Hochspannungs-Starkstrom-Installationen.

Alles, was das Gleichfeld stört, wirkt sich ungünstig auf den Organismus sensibler Wesen auf der Erde aus.

3 Die Schwankungen im elektrischen Gleichfeld sind nicht nur für den sensitiven Organismus von Mensch, Tier und Pflanze belastend, sondern dazu kommt auch noch der Einfluß der *Ionen.*
Ionen sind *Atome* oder *Moleküle,* die wandern. Dies besagt auch das Wort „Ion", das im Griechischen „Wanderer" bedeutet. Es gibt *Groß-Ionen* und *Klein-Ionen,* die entweder positiv oder negativ geladen sind. Ihre eigentliche „Heimat" ist die Ionosphäre; sie lassen sich aber auch leicht durch entgegengesetzte Elektrizitätseigenschaften anziehen.

Klein-Ionen braucht der sensitive Organismus in einem gewissen Maß zu seinem Wohlbefinden.
Groß-Ionen ziehen Staub, Ruß, Abgase usw. aus der Luft an sich. Sie sind positiv geladen, die Erde negativ. Bei Tiefdruckwetter gibt die Erde mehr negative elektrische Wellen (Strahlen) ab und zieht so die mit Rauch, Schmutz usw. beladenen Groß-Ionen zur Erde. Dort gelangen sie in den Organismus von Mensch, Tier und Pflanze und hemmen den Stoffwechselaustausch in den Zellen sowie den Abbau der Abfallprodukte.

Folgen des Tiefdruckwetters für uns Menschen:

Müdigkeit, Depressionen bis zu Selbstmordgedanken, Sterbefälle, erhöhte

Unfallquoten, Nervosität, Wundschmerzen, besonders nach größeren Operationen, vermehrtes Auftreten von Asthma, Kreislaufhemmung, die die Blutzirkulation herabsetzt und den Blutsauerstoff vermindert.

In geschlossenen Räumen sind diese Erscheinungen noch stärker, da die elektrischen Felder dort unstet und schwach sind und sich so die Ionen hier länger aufhalten können. Am schlimmsten sind die Betonbauten, da diese die schädlichen Ionen gleichsam festhalten, sodaß das natürliche Gleichfeld nicht mehr in die Wohnung gelangen kann. Zu erwähnen sind auch noch Epidemien – bei den Zweihufern vor allem die Maul- und Klauenseuche –, die sich unter diesem Ioneneinfluß rasch ausbreiten.

Der Föhn

Im Alpenvorland kommt noch das Föhnwetter dazu, das für sich allein eine Tiefdruckzone mit den eben genannten Folgen mit sich bringt.
Föhn entsteht, wenn südlich der Alpen Regenwetter herrscht. Dadurch wird die an den Alpen aufsteigende Luft dort abgekühlt und erwärmt sich wieder auf der Nordseite, also im Alpenvorland, das sich weithin nördlich der Alpen erstreckt. Der Föhn läßt sich am Himmel erkennen in Form „zerfetzter" Wolkenbündel und Wolkenstreifen. Auf den Organismus der sensiblen Wesen wirkt der Föhn ebenso wie das Tiefdruckwetter ein.

Föhneinfluß auf die belebte und unbelebte Natur

Die Tiere auf der Erde und die Vögel in den Lüften leiden anscheinend noch mehr unter den Schwankungen der Feldstärke. Bei herannahendem Gewitter z. B. verziehen sich die Kühe, die auf der Weide sind, in einen Stall oder unter einen Baum; der Gesang der Vögel verstummt. Die Wespen, Bienen und Bremsen (Viehfliegen) werden stechlustig. Die Blumen und Blätter „lassen ihren Kopf hängen".
Sogar in der leblosen Natur zeigt sich die stärkere Abgabe der negativen Elektrizität der Erde: Wolkenhauben ziehen an den Bergspitzen vorbei oder lassen sich in nahe liegenden Einbuchtungen nieder. Die Wasserleitungen im Haus überziehen sich mit Feuchtigkeit und fangen an zu tropfen. „Es liegt etwas in der Luft", sagt der Volksmund. Die Sicht ist klarer und weiter. Wenn im Alpenvorland in weiterer Entfernung die Alpen sichtbar werden, kann man mit Regenwetter rechnen.

Studien über die Folgen des Tiefdruckwetters auf den Organismus der sensitiven und pflanzlichen Wesen

Eine ganz alte Studie: Schon Hippokrates hat sich vor mehr als 2 000 Jahren mit den Zusammenhängen der Umwelt und deren Auswirkungen auf die Gesundheit der sensitiven Wesen befaßt.
Im 17. Jahrhundert hat der Arzt Dr. Sydenham die Beobachtungen des Hippokrates fortgeführt. Er fand heraus, daß zu bestimmten Zeiten die Luft mit Ionen angefüllt ist, die den Stoffwechsel (bei Tiefdrucklage) in hemmender oder (bei Hochdrucklage) in fördernder Weise beeinflussen.
Dr. med. Schorer fand heraus, daß die mit Schmutz angereicherten Ionen eine erschwerte Atmung verursachen auf Grund des erschwerten Gasaustausches in den Lungenluftbläschen. Er hat ferner festgestellt, daß die Einwirkung der Luftelektrizität sich über die Hautoberfläche erstreckt, so daß die Hautdurchlässigkeit von der jeweils herrschenden Wetterlage abhängt.
Dr. Reiter hat festgestellt, daß der Säuregrad in den Geweben sich verändert, sobald eine plötzliche – wenn auch schwache – Störung des elektrischen Potentials vorkommt.
Dr. Hahn fand heraus, daß das Wohlbefinden von Mensch, Tier und Pflanze zum größten Teil von der sie umgebenden Feldstärke abhängig ist. Er hat festgestellt, daß bei Gewitter und Föhn und anderen luftelektrizitätsverändernden Klimafaktoren das elektrische Feld gestört wird und so die Lebensfunktionen der Organismen gehemmt werden und dadurch gesundheitsschädigende Beschwerden auftreten.
Dr. Curry stellte fest, daß vor allem bei Wetterfühligkeit es sich um Schwankungen im Ozongehalt der Luft handelt und daß diese Schwankungen die genannten Beschwerden verursachen.

In Wirklichkeit sind aber die biologischen Einwirkungen der elektromagnetischen Strahlen aus der Atmosphäre und der sekundären Strahlen des Kosmos, die sich im Wettergeschehen verbinden, so komplexer Natur, daß die Forscher sich schwer tun, diesen Geheimnissen ganz auf die Spur zu kommen.

Strahlenfühligkeit und Wetterfühligkeit

Mancher Leser frägt sich vielleicht, was dieses Kapitel über die *Wetterfühligkeit* zu tun hat mit dem Thema dieses Buches: *Strahlenfühligkeit – Umgang mit Rute und Pendel.*

Die Wetterlage fühlen wir ohne Rute und Pendel. Der Luftdruck, den die elektrische Spannung in der Atmosphäre ausübt, drückt auf das Kapillarensystem unserer Haut. Die Haut der sensiblen Wesen ist also die Antenne für das Wettergeschehen, und nicht Rute oder Pendel. Doch wirken die Strahlen des Wettergeschehens genauso auf die Haut wie die Strahlen aus der Erde oder der Umwelt. Die Haut leitet den Druck an das Nervensystem weiter, und so kommt es auf die gleiche mentale Methode zur Resonanz, die die Wetterlage selbst – ohne Rute oder Pendel – als Ursache der Störung erkennt.

Der Pendler oder Rutler kann mit seinem Instrument nach mentaler Methode die Rute zum Ausschlag bringen und den Pendel zu seiner Ja-Antwort, falls mental gemutet wird, ob das Wettergeschehen (einschließlich Föhn) schuld ist an dem Symptom der Krankheit, das in Frage steht; denn viele der genannten Symptome können auch von anderen Strahlen verursacht werden.

Das radiästhetische Barometer

Um sich auf seine Wetterfühligkeit radiästhetisch zu prüfen, kann man sich des *Wetterdiagramms* (siehe Seite 102) bedienen. Mit einem Spitzpendel (auf der Abbildung links vom Diagramm) mutet man über jedem Wort, das eine bestimmte Wetterlage anzeigt. Man mache diese Mutung ein oder zwei Tage im voraus und notiere sich das Ergebnis im Kalender. Auf diese Weise kann man seine Fühligkeit anhand des Barometers und der Wetteransage überprüfen.

Schutz gegen die schädlichen Einflüsse von Strahlen aus der Atmosphäre und dem Kosmos

Wie bei den Erdstrahlen, so kann man sich auch gegen schädliche Einflüsse der atmosphärischen und kosmischen Strahlen schützen.
Natürliche Schutzmittel: Platzwechsel („Tapetenwechsel"), häufiges Spazierengehen in frischer Luft, viel Sport, insbesondere den Urlaub in gesunder Umgebung verbringen.

Wetter-Typen

Die Wetterempfindlichkeit ist nicht bei allen Menschen die gleiche. Man unterscheidet: *warmfrontempfindliche, kälteempfindliche* und *gemischte Typen.*
Diese Wetterempfindlichkeit greift tief in den Charakter, die Lebensleistung und selbst die Lebenszeit des einzelnen Menschen ein.

1 Warmfrontempfindlich sind solche Menschen, die eine Reaktion verspüren, wenn wärmere Luftmassen auf kältere stoßen. Seinem Wesen nach ist der Warmfrontempfindliche temperamentvoll, feinfühlig und sensibel. Für Infektionen ist er sehr anfällig. Sein maximales Leistungsvermögen erreicht dieser Typ meist erst in den Fünfzigerjahren. Er erreicht häufig ein hohes Alter, da sein Blut spät alkalisiert.

2 Kälteempfindliche leiden, wenn kältere Luftmassen die warmen verdrängen. Charakterlich sind sie ruhig veranlagt, sachlich und zeigen geringe Sensibilität. Den Zenit ihrer Leistung erreichen sie schon sehr früh und überschreiten ihn meist schon in den Dreißigerjahren. Sie altern vorzeitig.

3 Tritt bei einem Menschen Empfindlichkeit gegenüber beiden Tendenzen ein, so nennt man ihn einen gemischten Typ. Das innere Gleichgewicht der gemischten Typen ist sehr labil. Sie sind launische, übersensitive Menschen, schwer zu durchschauen und schwer zu behandeln. Jedoch ist der gemischte Typ selten.

Partnerwahl mit Bezug auf Wetter-Typen

Meist ziehen sich gegensätzliche Typen an.
Wenn zwei ausgesprochene Kälte-Typen sich paaren, so entsteht im Kind ein ausgesprochener Säureüberschuß.
Bei zwei ausgesprochenen Warmfrontempfindlichen muß mit der Basedowschen oder einer sonstigen Warmfrontkrankheit gerechnet werden. Ein markantes Beispiel hiefür bieten der durch Inzucht entstandene Kretinismus und die typische Degenerationserscheinung mancher Adelsgeschlechter.
Die gegenseitige Anziehung ist am stärksten bei reinen Kälte- und Wärme-Typen. Solche Paare erleben oft die innigste Liebe und die „Liebe auf den ersten Blick".

Es wurde festgestellt, daß unter den großen Völkerfamilien meist ein Typ vorherrscht. So sind bei den Amerikanern die meisten Männer Warmfront-Typen, also gutmütig und anschmiegsam, während die Frauen eher kälteempfindliche Typen und somit anspruchsvoll, dominierend und herrschsüchtig sind. Bei den Österreichern überwiegen die Wärme-Typen. Dies zeigt sich in ihrer sprichwörtlichen Liebenswürdigkeit. Bei den Engländern finden sich die Kälteempfindlichen mehr beim weiblichen Geschlecht. Tatsächlich ist die Engländerin eher gefühlskalt und zurückhaltend, während der Engländer zwar überaus korrekt, aber doch auch charmant ist.

Mit Bezug auf die Geisteshaltung kann man feststellen, daß die Wärme-Typen zu den ästhetisch-künstlerisch veranlagten Menschen gehören, die Kälte-Typen dagegen im allgemeinen die philosophisch-mathematische Richtung vertreten.

B) Die mentale Radiästhesie

Wie in der kurzgefaßten Übersicht über die *praktische Radiästhesie* (Seite 40) gesagt wurde, setzt sie sich zusammen aus den zwei Teilen: *materielle* und *mentale Radiästhesie*.

Bisher wurde über die materielle Radiästhesie berichtet; nun soll die mentale Radiästhesie behandelt werden.

Die *mentale Radiästhesie* befaßt sich, wie schon der Name sagt, mit der *mens*, was zu deutsch *Seele* und *Intellekt* bedeutet.
Daraus folgt die Zweiteilung dieser Abhandlung in:
– die Radiästhesie, die sich auf die *menschliche Seele* und
– jene, die sich auf den *menschlichen Intellekt* bezieht.
Im ersten Teil, den man Psycho-Radiästhesie nennen kann, wird die Seele „geröntgt" auf vermutete Schuld und auf Charaktereigenschaften.
Im zweiten Teil wird der menschliche Intellekt „geröntgt", um der auf diese Weise getesteten Person zu einer richtigen Berufswahl zu verhelfen. In beiden Fällen kann zum Test die Person selbst oder ein Od derselben dienen. Das Od kann ein Ganzfoto der Person sein, deren Handschrift oder ein Kleidungsstück von ihr, das sie trug, also nicht eines, das gerade aus der Wäsche kommt. Foto und Schrift müssen original sein, also keine Reproduktion.

Die Psycho-Radiästhesie

Wer die Seele oder den Charakter eines Menschen „röntgen" will, dringt in dessen Privatsphäre ein. Dazu haben wir nicht das Recht. Die Psycho-Radiästhesie darf deshalb nie ohne ausdrückliche Bitte der Person, die getestet werden will, angewandt werden. Es ist ferner eine Sache der Klugheit, daß nur ein erfahrener Psycho-Radiästhet die Methode anwenden darf. Es gibt ein Sprichwort, das besagt: „Schmutzige Wäsche eines Mitmenschen darf man nicht an die Sonnenseite hängen!"
Ich habe deshalb diesen Teil nur der Vollständigkeit der Abhandlung wegen beigefügt, und es wäre mir am liebsten, wenn Amateur-Pendler sich mit der Psycho-Radiästhesie nicht befaßten.

1 Der Psycho-Radiästhet erforscht vermutete Schuld

Als Beispiel hiefür sei der *Pendel als Lügendetektor* angeführt. Hat jemand etwas Rechtswidriges getan, so läßt dieses Vergehen in seinem Über- und Unterbewußtsein einen Reflex zurück, als Zeichen dafür, daß sie nicht übereinstimmen. Leugnet die betreffende Person die Tat, so wird der Blick des Erwachsenen unsicher; bei Kindern rötet sich die Gesichtsfarbe, oder sie wird bleich.
Um nun über Wahrheit oder Lüge zu muten, „vereinbart" der Pendler nach mentaler Methode mit seinem Pendel: Liegt eine Lüge vor, soll der Pendel einen vertikalen Strich ziehen (Über- und Unterbewußtsein stimmen nicht überein!).
Liegt aber keine Lüge vor, so soll der Pendel einen Rechts- oder Linkskreis ziehen, gemäß der Polarität des Pendlers für die Antwort „ja" (Über- und Unterbewußtsein stimmen überein!).
Die schwerstwiegenden Bedenken gegen die Mutung seelischer Schuld liegen darin, daß man keine Probe aufs Exempel hat. In der materiellen Radiästhesie gibt es Möglichkeiten, die Mutung zu überprüfen; diese Möglichkeiten fehlen bei der Mutung seelischer Schuld. Zusätzlich sind die Chancen für jede Mutung, daß sie eine Fehldiagnose sein kann, sehr groß.

2 Tests zur Überprüfung, ob jemand Schuld muten kann

Man beauftragt jemanden, einem anderen etwas Wahres oder Falsches zu sagen, und der Prüfling muß herausfinden, ob etwas Wahres oder Falsches mitgeteilt wurde.

Man beauftragt jemanden, eine Tür im Haus offenzulassen. Der Prüfling muß herausfinden, was mit der Tür geschah – ob sie geöffnet wurde, offenblieb oder wieder geschlossen wurde.

Charakter-Diagnose

Mit Hilfe der mentalen Methode kann der Pendler auch den Charakter einer Person „röntgen". Es gibt dafür verschiedene Wege:

1   Man verfährt an der Person selbst in gleicher Weise, wie man die inneren Organe mutet (siehe Seiten 77 und 78).

2   Man benützt ein Od der Person (Foto, Handschrift etc.) und verfährt, als ob es die Person selbst wäre.

3   Mit Hilfe einer *Charakter-Gradscheibe:* Man zeichnet auf ein weißes Blatt einen Kreis und teilt ihn in gleiche Teile (siehe Seite 102). In die verschiedenen Abschnitte schreibt man die Charaktereigenschaften, die ertestet werden sollen. Dann fährt der Psycho-Radiästhet mit einem Spitzpendel über die einzelnen Abschnitte mit den eingetragenen Eigenschaften und mutet sie nach mentaler Methode.

4   Selbst ohne dieses Diagramm kann man die Charaktereigenschaften einzeln auf ein weißes Blatt schreiben und ebenfalls mental muten.
Bei jeder Mutung soll man den Pendel ca. 15 Sekunden lang schwingen lassen, um zu sehen, ob die Schwingung die gleiche bleibt.

Das „Röntgen" des Intellekts mit Bezug auf Berufswahl

Der Psycho-Radiästhet kann auch dem jungen Mann bzw. der jungen Dame helfen, seine bzw. ihre Intelligenz und Eignung für einen Beruf festzustellen.

Es gibt auch hiefür verschiedene Wege:

1   Zunächst macht man sich eine *Liste* mit allen in Frage kommenden Berufen.
Wenn die Testperson zugegen ist, kann der Pendler über ihrer Hand den Pendel schwingen lassen, wiederum ca. 15 Sekunden lang für jeden einzelnen Beruf. Zu jedem Beruf notiert sich der Pendler die gegebene Antwort.

2 Eine andere Methode ist, so zu verfahren wie bei der Mutung von Nahrungsmitteln. Der Kandidat setzt sich neben den Pendler. Der Pendler schreibt den Namen eines Berufes auf ein *weißes Blatt;* der Kandidat legt seine Hand neben das Blatt. Der Pendler notiert sich wieder die Antwort.

3 Anstelle der Person kann auch ein *Diagramm* benützt werden (siehe Seite 101). Mit dem Spitzpendel fährt der Pendler über die einzelnen Berufsbezeichnungen.

4 Es wird vorkommen, daß einige Mutungen über Berufsarten den gleichen Ausschlag zeigen. In einem solchen Fall kann der Pendler die Entscheidung darüber, welche dieser Mutungen mit dem gleichen Ergebnis die richtige ist, mit Hilfe einer *Wertskala* treffen. Als Wertskala dient ein gewöhnlicher Meterstab.
Man nimmt der Reihe nach die fraglichen Berufe und fährt mit einem Spitzpendel auf der Wertskala von Null nach oben. Dabei wird der Pendler feststellen, daß sein Pendel stärker und stärker schwingt. Die Zahl der Höchstschwingung gibt die Antwort. Der Beruf mit dem höchsten Prozentsatz sollte gewählt werden.

C) Die Teleradiästhesie

Unter *Teleradiästhesie* versteht man das Muten von Strahlen in der Ferne. Es ist schwer zu sagen, wo Nahradiästhesie aufhört und Teleradiästhesie beginnt.
Das Muten im unmittelbaren Strahlungsbereich gehört zweifellos zur Nahradiästhesie. Entfernt man sich aber nur einen Meter vom Strahlungsbereich, so betritt man schon den Bereich der Teleradiästhesie.
Jedoch versteht man unter Teleradiästhesie im engeren Sinne das Muten von Strahlen aus großer Entfernung.

Die Beherrschung der Teleradiästhesie ist ein schwieriges Kapitel. Dazu müssen dem Radiästheten besondere Fähigkeiten gegeben sein.
Theoretisch liegen der Nah- und Fernradiästhesie die gleichen Prinzipien zugrunde. Rute und Pendel dienen nur als Antennen, um die Resonanz nach außenhin kundzutun.

Die praktische Teleradiästhesie datiert zurück auf das Jahr 1919, als Abbé Mermet seinem Amtsbruder Racineux, Pfarrer in der Bretagne, mitteilte, daß auf seinem Grundstück Gold, Silber und Kohle zu finden seien.

Die praktische Ausübung der Teleradiästhesie verlangt, neben einer gewissen Fähigkeit als Grundbedingung, viel Übung und noch mehr Geduld und Konzentrationsfähigkeit. Wer sich geistig nicht mit Geduld auf den Empfang von Strahlen aus weiter Ferne einstellen kann, wer es eilig hat und meint, dasjenige mit seinem Willen erzwingen zu können, was von selbst kommen muß, der lasse am besten die Finger von der Teleradiästhesie.

Die Tiere – wenigstens bestimmte Arten – besitzen von Natur aus ein instinktives radiästhetisches Empfinden.
Wie wäre etwa zu erklären, daß eine Katze, die in einem dunklen Behälter eine weite Strecke transportiert und am neuen Ort nicht für einige Tage eingesperrt sowie mit liebender Aufmerksamkeit umgeben wird, sich aus Heimweh davonmacht und ihre frühere Heimat wiederfindet?
Man spricht davon, daß die Landtiere, Vögel und Insekten „Radargeräte" besitzen. So glaubt man, daß der Spürhund ein solches „Radargerät" im Geruchssinn hat; der Zugvogel (Brieftaube usw.), so nimmt man seit neuestem an, habe in seinem Nacken Magnete sitzen, um ihm damit eine Ausrichtung auf das Erdmagnetfeld zu ermöglichen.
Der Mensch, bei vorausgesetzter Veranlagung, kann Teleradiästhesie erlernen und kann dann als Experte der Teleradiästhesie sich selbst und der Mitwelt von Nutzen sein.

Grundsätzlich kann mit Rute und Pendel Fernmutung betrieben werden. Beim Arbeiten mit Plänen, Skizzen und Gradscheiben wird man einen Spitzpendel nehmen müssen. Jeder Rutler bzw. Pendler wird für sich das geeignete Instrument sowie seine eigene Arbeitsmethode herausfinden müssen. Die gesamte radiästhetische Tätigkeit, bei der Reizeinflüsse im Körper physiologisch umgesetzt werden und sich in nervalen und folglich muskulären Vorgängen äußern, ist ein feinnerviger, bioelektrischer Vorgang. Dazu braucht der Rutler bzw. Pendler viel Nervenkraft, und er muß deshalb für sich das Instrument herausfinden, das am wenigsten Impulse benötigt, um es in Aktion zu setzen.

Einige Mutungen im Rahmen der Teleradiästhesie

Wie schon gesagt, kann Teleradiästhesie sowohl in Form der materiellen wie auch in jener der mentalen Radiästhesie angewandt werden.

Hier nur einige Beispiele aus der materiellen Radiästhesie:

1 Suche nach einer Wasserader

Um eine Wasserader in der Ferne zu muten, breitet man einen genauen Plan der betreffenden Gegend vor sich auf dem Tisch aus und führt die Mutung mental (CM–OM–IM) durch. Schlägt der Pendel aus, so vermerkt man die Richtung auf dem Plan. Dann mutet man im rechten Winkel zu dieser Richtung. Im Schnittpunkt liegt die Ader. Dann geht man zu der betreffenden Stelle und macht die gleichen Mutungen (mental). Man kann – besser gesagt: muß – seine mentale Mutung durch die materielle Methode überprüfen.

2 Suche nach einem verlorenen Gegenstand

Man macht sich von der in Frage kommenden Gegend oder Räumlichkeit eine Skizze, genau nach den Himmelsrichtungen, und verfährt in gleicher Weise wie bei der Suche nach einer Wasserader. Bleibt der Pendel still, so macht man eine größere Skizze der weiteren Umgebung und mutet über dieser Skizze. Ist allerdings inzwischen der verlorene Gegenstand von jemandem gefunden und mitgenommen worden, so wird es keine Pendelreaktion geben.

3 Suche nach einem Vermißten

Zunächst wird gemutet, ob der Vermißte noch lebt. Dies greift schon über in die *mentale Teleradiästhesie*. Lebender Geist strahlt aus wie die Materie; ein Toter strahlt nicht mehr aus. Bleibt deshalb der Pendel über eine Minute lang still stehen, so kann man annehmen, daß die Person nicht mehr lebt. Schlägt der Pendel aus, so fragt man, wo die vermißte Person zuletzt gesehen wurde; dazu nimmt man einen Plan dieser Gegend und verfährt wiederum wie in den vorigen Beispielen. Es werden vielleicht noch größere Pläne nötig sein, bis zuletzt der Pendel, wie der Stern von Bethlehem, über dem betreffenden Ort stehenbleibt – in unserem Fall: rotiert –, wo die vermißte Person sich befindet.

4 Fernbehandlung einer kranken Person

Die *Diagnose* der Krankheit wird genauso gemacht, als wäre die Person zugegen (siehe Seiten 77 und 78). Der pendelnde Arzt benützt dafür eine Ta-

belle des menschlichen Körpers, worin die Organe eingezeichnet sind, und pendelt über dieser Tabelle.
Zum Ausfindigmachen der geeigneten *Medikamente* schreibt der pendelnde Arzt ihre Bezeichnungen auf ein Papier und pendelt einzeln über diesen Namen, oder er legt diese Medikamente vor sich hin und fragt mental, welches davon dem Patienten am besten hilft.
Auch die geeignete *Diät* für eine kranke Person wird auf dieselbe Weise ermittelt.

D) Die empfindsame Hand

Es gibt Menschen, welche Strahlen fühlen, ohne sich der Rute oder des Pendels zu bedienen. Schon auf Seite 18 wurde darauf hingewiesen.
Wer die *empfindsame Hand* besitzt, mutet mit der flachen Hand, indem er diese dem Objekt nähert, das er muten will. Man kann diese Art der Strahlenfühligkeit *Hellfühlen* nennen.
Um sich zu testen, ob man die empfindsame Hand hat, nähert man sich einer Person, indem man ihr die Innenfläche beider Hände entgegenhält. Hat man die Aura dieser Person erreicht, so spürt man ein Kribbeln in der Hand oder ein Ziehen in den Muskeln der Finger.
Wer die empfindsame Hand hat, kann auf jeder Reizzone mental muten, wie der Radiästhet, der Rute und Pendel benützt.
Dies zeigt, daß Rute und Pendel nur Instrumente sind, die dazu dienen, die Strahlenfühligkeit nach außen hin zu zeigen.

ERGÄNZENDE BEMERKUNGEN

Tips für Radiästheten und ihre Klienten

Der Radiästhet ist vergleichbar mit einer Apothekerwaage, die Wertvolles leisten kann, aber nicht überlastet werden darf.

Deshalb ist folgendes zu beachten:

– Niemand soll den Radiästheten aus Motiven der Schaulust beanspruchen.
– Nur Bedürftige, die auch bereit sind, die Ratschläge des Radiästheten zu befolgen, sollen sich an ihn wenden.
– Es soll vom Radiästheten nicht mehr verlangt werden, als unbedingt nötig ist.
– Der Radiästhet selbst darf seine Kraft nur maßvoll und selbstverantwortungsvoll einsetzen.
– Der Radiästhet gibt beim Muten viel von seiner Vitalität ab; deshalb muß er auf Warnzeichen von Ermüdung achten: verkrampftes Herz, Druck im Kopf, Schmerzen im Rücken, in den Schultern und verkrampfte Arme und Hände. Zu große Ermüdung beim Muten kann mit Herzinfarkt enden. Auch latente Krankheitsherde werden durch Muten aktiviert, weil der Körper des Radiästheten beim Muten viel Energie abgibt und somit keine Widerstandskraft mehr hat.
– Der Radiästhet soll deshalb nie zu lange muten und aufhören beim geringsten Anzeichen von Ermüdung, um sich zu erholen durch: tiefes Atmen, Duschen, Yoga, Sport etc.

Antworten auf negative Kritik

1   Viele nehmen an, daß Rutenausschlag und Pendelzeichen von *Nerven-* und *Muskelzuckungen des Radiästheten* her kommen.
Dazu ist zu sagen: Das Gegenteil ist der Fall. Der Radiästhet muß seinen Körper lockern, er muß absichtlich absichtslos, willentlich willenlos sein. Nur so kann die Rute den Ausschlag und der Pendel seine Zeichen geben. Eher bricht aber die Holzrute und biegt sich die Stahlrute, als daß der Ausschlag durch fremde Muskelkraft zurückgehalten werden kann.

2   Andere behaupten, der Radiästhet arbeite mit *Autosuggestion.*
Antwort: Obwohl, wie wir gehört haben, Rute und Pendel für den Radiästheten gleichsam „brave Hündchen" sind, die jedem Wink ihres Herrn folgen (siehe dazu Seiten 28, 29 und 33), will der Radiästhet bei seinem Muten auf keinen Fall Rute oder Pendel durch Autosuggestion in Bewegung setzen, sondern seinen Instrumenten absichtlich freien Lauf geben, um aus deren Ausschlag und Zeichen herauszufinden, worum es geht.

3   Wieder andere, wie schon einleitend gesagt, halten Rutengehen und Pendeln für *Magie.*
Was ist dazu zu sagen? Zunächst haben wohl meine Ausführungen klargemacht, daß der Mensch von Natur aus Strahlenfühligkeit besitzt, die er meist nicht – wie das Tier – spürt, sondern mit Hilfe von Rute und Pendel nach außen hin zeigen kann. Dies entspricht dem Menschen als dem einzigen mit Verstand ausgerüsteten Geschöpf. Wie der Mensch seine Zunge als Instrument gebraucht, um seine Gedanken auszusprechen, und seine Hand, um sie niederzuschreiben, so sind Rute und Pendel für ihn die geeigneten Instrumente, um seine Strahlenfühligkeit nach außen hin zu zeigen.

4   Es wird auch behauptet, der *Radiästhet* habe *keine gute Gesundheit,* da er nicht strahlenfrei sei.
Die Antwort lautet: „Alles strahlt." Es gibt also keinen Menschen, der strahlenfrei ist. Der Radiästhet ist nur sensibler für Strahlen als andere Menschen und kann damit seine und der Mitmenschen Gesundheit vor Schaden bewahren. Wenn Strahlenfühligkeit ein krankhafter Zustand wäre, dann besäßen auch alle Tiere und Vögel, ja selbst die Pflanzen, keine „normale" Gesundheit, da ja auch sie auf Strahlen positiv oder negativ reagieren.

5   Es wird auch argumentiert, man solle doch besser *nicht über die schädlichen Wirkungen der Strahlen reden,* um die Menschen nicht zu beunruhigen.
Antwort: Dann braucht man auch nicht über andere für die Gesundheit schädliche Dinge reden. Man muß auf den Nutzen schauen, den die Abwendung schädlicher Strahlen bringt.

6   Man kann auch hören, *Radiästhesie verstieße gegen das Ärztegesetz.*
Hierauf kann man sagen: Platzwechsel bezüglich Bett und Arbeitsstätte ist Privatsache. Ferner: Wer nicht an die Wirkung von Abschirmgeräten glaubt, darf auch nicht behaupten, daß sie gegen das Ärztegesetz verstoßen.

Jedoch sei auch hier nochmals gesagt: Alle Abschirmgeräte sind ein notwendiges Übel; Platzwechsel ist das einzig richtige gegen gesundheitsschädigende Strahlen.

Neuerlich sei darauf hingewiesen: Medizinisches Pendeln ist dem Arzt vorbehalten.

7 Radiästhesie ist als *Scharlatanerie* verschrieen.

Antwort: Man darf das Kind nicht mit dem Bad ausgießen! Gute Erfolge radiästhetischer Arbeit können nicht geleugnet werden. Rutengehen und Pendeln sind aber keine Spielerei und müssen jedem untersagt werden, der sie als solche mißbraucht.

8 Man will *nicht* einsehen, daß so „lächerliche" Dinge wie Rute und Pendel *ernst genommen* werden müssen.

Diesem Unverständnis kann man begegnen, indem man Rute und Pendel mit den Uhrzeigern vergleicht. Die Zeitangabe kommt aus dem Inneren der Uhr. So sind auch Rute und Pendel nur Anzeiger.

9 Andere verachten die *Radiästhesie,* weil sie *nicht als Wissenschaft anerkannt* ist.

Wie im Kapitel *Geschichte der Radiästhesie* auf Seite 15 erwähnt wurde, ist die Radiästhesie in der Sowjetunion als legitimes Gebiet der Wissenschaft anerkannt. Es gibt überhaupt kein Wissensgebiet, das wissenschaftlich ganz erschöpft ist. Die Radiästhesie arbeitet – wie die Elektrophysik – mit dem Prinzip der Polarität: Gleiche Pole stoßen sich ab, ungleiche ziehen sich an. Man benützt die Elektrizität, um Licht, Kraft, Wärme und Kälte zu erzeugen; aber ihr Wesen ist noch immer nicht erforscht.

Genauso ist es mit der Radiästhesie: Man weiß sie nutzbar zu machen; ihr Wesen ist aber noch ein Geheimnis.

10 Schließlich hält man *Rutengehen* und *Pendeln* für völlig *überflüssig,* da es schon so viele geophysikalische und biophysikalische Meßgeräte gibt, die in vielen Bereichen die Radiästhesie ersetzen.

Antwort: Gewiß gibt es viele Meßgeräte. Um nur die wesentlichsten zu nennen: magnetische Lokalvariometer, Gerameter, elektrische Bodenleitfähigkeitsmessungsapparate, Ionisationskammern, UKW-Feldstärkemeßgeräte, Gleichstromwiderstandsmeßgeräte, Kirlianphotographie zur Auramessung usw.

Wir Radiästheten freuen uns alle über diese Meßapparate, denn schließlich dienen sie dazu, unsere Mutungen zu überprüfen und damit den tatsächlichen Wert der Radiästhesie offen vor aller Welt zu beweisen.

Abschließend sei zu diesem Kapitel *Antworten auf negative Kritik* ganz allgemein festgestellt: Der menschliche Geist hat schon so viel der Natur „abgelauscht" und täte deshalb gut daran, die Radiästhesie als nie ganz zu erforschenden Zweig der Wissenschaft anzuerkennen, um sie mehr und mehr zum Wohl der Menschheit auszuwerten.

Was kann gemutet werden?

Diese Frage ist leicht zu beantworten nach dem Prinzip: „Alles strahlt – aber nur das, was zurzeit existiert."
Es kann also nicht gemutet werden, was noch nicht existiert. So gehört also die Zukunft sozusagen nicht in das Gebiet der Radiästhesie. Wer Totoergebnisse oder Lottozahlen erpendeln will oder andere Zukunftsträume und -wünsche, der handelt außerhalb der Radiästhesie. Ein passendes Sprichwort hierzu lautet: „Wer die Zukunft erpendeln will, verdirbt sich die Gegenwart!"
Ebenso kann nicht gemutet werden, was nicht mehr lebt. Deshalb bleiben Rute und Pendel über einem Toten still.

Aktion „Krebsverhütung"

Während ich diese Arbeit schrieb, erregte ein Prospekt über das Buch *Erdstrahlen als Krankheits- und Krebserreger* von Gustav Freiherr von Pohl meine Aufmerksamkeit.
Da auch in meinen Ausführungen über mögliche Krankheitserreger der *Krebs* vorrangig behandelt wird, möchte ich dieses eben erwähnte wichtige Buch anhand folgender Auszüge aus dem Prospekt empfehlen:
„Erdstrahlen als Krebserreger – das ist keine neue Theorie! Das ist bewiesene Praxis! Jeder dritte wird an Krebs erkranken, jeder fünfte an Krebs sterben, so wird behauptet. Jeder von uns kann dieser dritte oder fünfte sein. Und doch muß Krebs gar nicht erst entstehen und behandelbar sein; denn Krebs ist verhütbar, vermeidbar, von der Wurzel her ausrottbar. Der natürlich entstandene Krebs entsteht nur über schwerbestrahlten Schlaf- und Sitzplätzen, behauptet Freiherr von Pohl. Den Beweis trat er bereits 1929 in einem polizeilich überwachten, gemeindeamtlich registrierten und vom Gesundheitsamt bestätigten Blindversuch in einer ganzen Stadt an. Sein Beweis wurde damals auch von der offiziellen Krebsforschung, dem *Deutschen Zentralkomitee zur Erforschung und Bekämpfung der Krebs-*

krankheit, Geheimrat Prof. Dr. Blumenthal, Berlin, durch Abdruck in der *Fachzeitschrift für Krebsforschung* wissenschaftlich anerkannt, bald aber von der ‚Krebsmafia' totgeschwiegen (siehe Christian Bachmann, *Die Krebsmafia,* Tomek Verlag). Freiherr von Pohl kann aufgrund seines Beweises mit Fug und Recht behaupten: ‚Damit ist auch das Vorbeugungsmittel gegeben, das es trotz aller medizinischen Forschung bisher nicht gab: Wer dafür sorgt, daß sein Bett nicht in schweren Erdstrahlen steht, und wer dafür sorgt, daß er auch tagsüber nicht in schweren Erdstrahlen sitzt, kann niemals Krebs bekommen!

Wenn diese Erkenntnis erst einmal Allgemeingut geworden ist, so wird die Krebskrankheit, diese furchtbare Geißel der Menschheit, ausgerottet sein! So wie für Beri-Beri nach vielen Irrungen der Forschung schließlich der Vitaminmangel als Ursache erkannt werden mußte, so müssen jetzt die *harten Erdstrahlen* als Ursache der Krebskrankheit anerkannt werden.'"

Was die „Berufs-Krebse" betrifft, so müßten z. B. alle Arbeiter einer Asbestfabrik Krebs bekommen, was aber nicht der Fall ist. Untersuchungen bezüglich „Berufs-Krebs" ergaben, daß nur diejenigen Arbeiter Krebs bekamen, die daheim auf einer Erdstrahlung lagen.

Weit schlimmer noch als die natürliche Krebsursache durch Erdstrahlen ist der durch Atomkraftwerke und durch die medizinische Strahlenanwendung künstlich verursachte Krebs; denn hier kann nicht mehr durch einfache Bettverschiebung geholfen werden. Hier ist man dem Krebs hilflos ausgeliefert. 1977 schrieb deshalb Prof. Huster vom Institut für Kernphysik der Universität Münster an den damaligen Bundespräsidenten Scheel, seine Gattin könne ihr Krebshilfswerk getrost einstellen, wenn er weiterhin Atomkraftwerke befürworte.

Warum geriet das Lebenswerk des Freiherrn von Pohl in Vergessenheit? Abgesehen vom bewußten Totschweigen (siehe Buch *Die Krebsmafia*) hatte Freiherr von Pohl die Strahlung seinerzeit nur durch seine persönliche Strahlenfühligkeit feststellen können. Solche Könner wie ihn hat es dann wohl kaum mehr gegeben. Auch heute können wir Radiästheten nur durch einige wenige gute Standortuntersucher mit Rute, Pendel oder Elektrogeobioskop helfen. Was wir brauchen, um den Krebs auszurotten, sind physikalische Meßgeräte und Entstörmöglichkeiten. Deshalb hat der gemeinnützig arbeitende Verein und Verlag *Fortschritt für alle,* Schloßweg 2, D-8501 Feucht, die Spendenaktion „Krebsverhütung" ins Leben gerufen, um ein Forschungsinstitut zu finanzieren, das die einzelnen Frequenzen der sogenannten Erdstrahlung – ein Sammelbegriff für eine Unzahl verschiedener Strahlungen aus der Erde, der technischen Nutzung usw. – erforschen und dann Abhilfe schaffen kann.

Über die Aktion „Krebsverhütung" gibt es Faltblätter zum Verteilen. Außerdem informiert *Fortschritt für alle* durch Rundbriefe über den Fortgang der Forschung und vieles andere Hilfreiche.

SCHLUSSWORT DES AUTORS

Der Philosoph Schopenhauer hat einmal gesagt: „Jede Idee hat drei Phasen durchzustehen: in der ersten wird sie verlacht, in der zweiten bekämpft und in der dritten frägt man sich, warum hat man nicht schon lange von dieser Idee Gebrauch gemacht."
Möge für die Radiästhesie bald die Zeit kommen, in der sie – so wie in der Sowjetunion – auch bei uns offiziell anerkannt und sogar ein legitimes Fach an den Universitäten sein wird.
Bis dahin läßt sie sich, dank ihrer vielfachen und vielseitigen Erfolge, nicht mehr so einfach ins Abseits drängen. Sie wird einem Stehaufmännchen gleichen, das 99mal niedergeschlagen wird und beim 100. Male doch wieder keck seinen Kopf erhebt.
„Keck den Kopf erheben" – das wagt die Radiästhesie auch in dem vorliegenden Werk. Obwohl der Büchermarkt reichlich „versorgt" ist mit Schriften über radiästhetisches Arbeiten, darf ich hoffen, daß mein Buch noch Eingang findet in die radiästhetische Literatur. Dies vor allem aufgrund der besonderen Zielrichtung, die es bietet, nämlich Antwort zu geben auf die Frage, woher der Mensch die Fähigkeit der Strahlenfühligkeit hat; und zwar in der Form, daß sie eine jedem Menschen eigene natürliche Veranlagung ist, die nur geweckt und gefördert zu werden braucht, um sie für sich und die Mitwelt nutzbar zu machen.
Gerade deshalb wurde ich von vielen Radiästheten aufgemuntert, meine Erfahrungen über Strahlenfühligkeit mit Rute und Pendel in den Druck zu geben. Ich möchte allen, die mir mit Rat und Tat hierbei zur Seite standen, von Herzen danken.
Vielleicht erscheint es manchem Leser so, als würde ich der einen oder anderen meiner Aussagen eine Art „Absolutheitsanspruch" verleihen. Dies ist jedoch keineswegs so beabsichtigt. Wie in der Einleitung betont, war es meine Absicht, eine Fülle an Möglichkeiten zu zeigen, mit denen das Muten zum Wohl der Menschheit, der Tier- und Pflanzenwelt eingesetzt werden kann.

Ich werde meine Mühe reichlich belohnt sehen, wenn sich eine entsprechende Anzahl echter Radiästheten findet, die mithelfen, daß beispielsweise jeder Mensch eine strahlenfreie Arbeits- und Ruhestätte bekommt, und die in wasserarmen Gegenden unterirdische Wasseradern für gute Brunnenanlagen finden. Gerade solche Menschen brauchen wir mehr und mehr. Sie werden die Werke der Barmherzigkeit in die Tat umsetzen, die da lauten: den Notleidenden helfen, Kranke heilen, Durstige tränken.

Hechingen-Boll, im Sommer 1982 P. Ernst Hoch P. A.

EINIGE DIAGRAMME

entnommen der Mappe von Ernst Laub, mit freundlicher Genehmigung des SIR Ruder Verlages, Postfach, CH-4102 Binningen 2

Diagramm für radiästhetische Berufsberatung

Diagramm für selbstgewählte Ertestungen

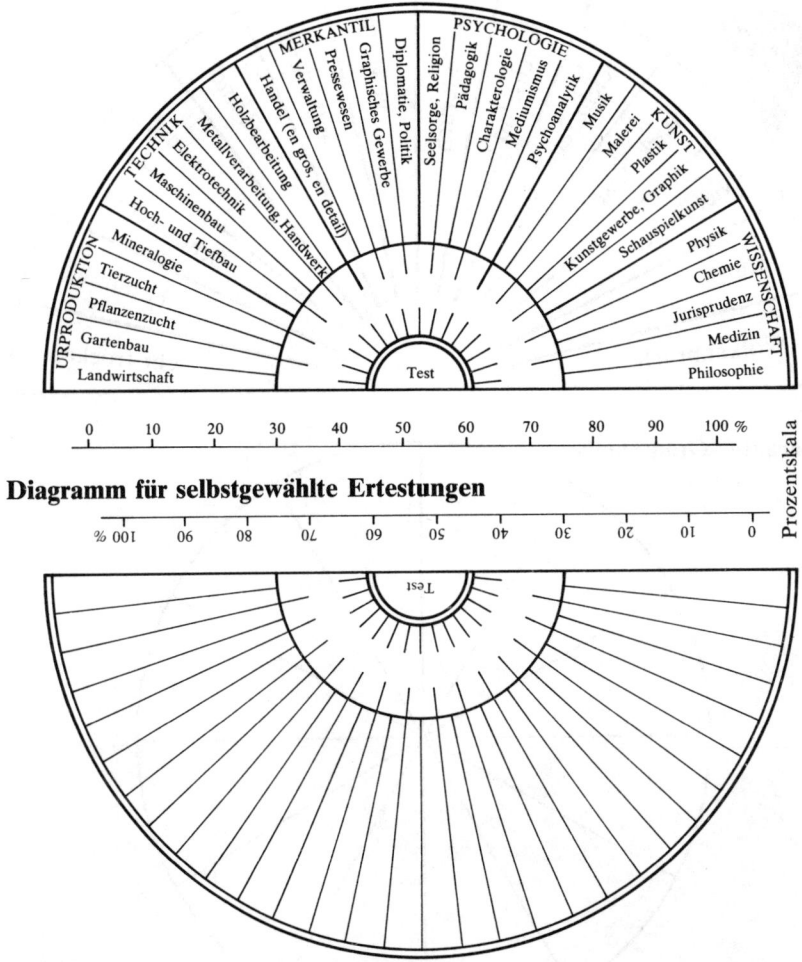

Frage an das Unterbewußtsein: Durch welchen Beruf wird die Lebensaufgabe des Examinanden erfüllt?

Wetter-Diagramm

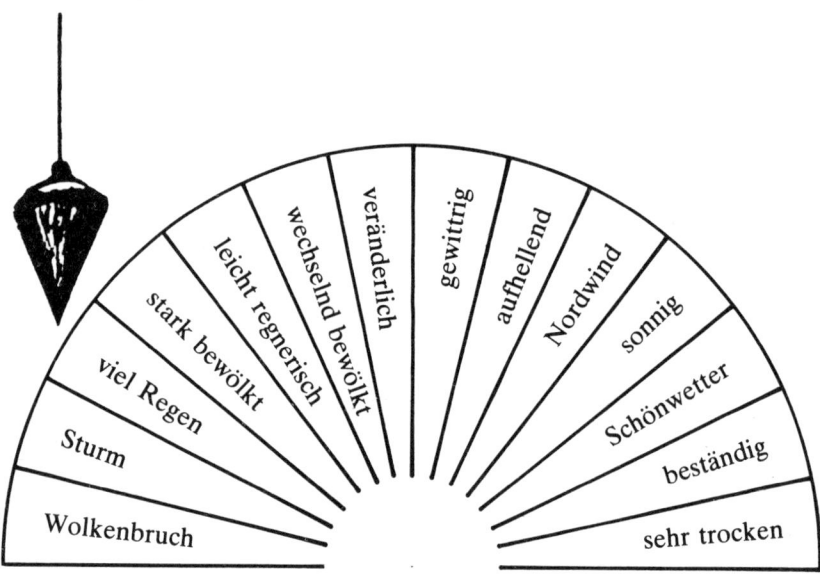

Charakter-Gradscheibe

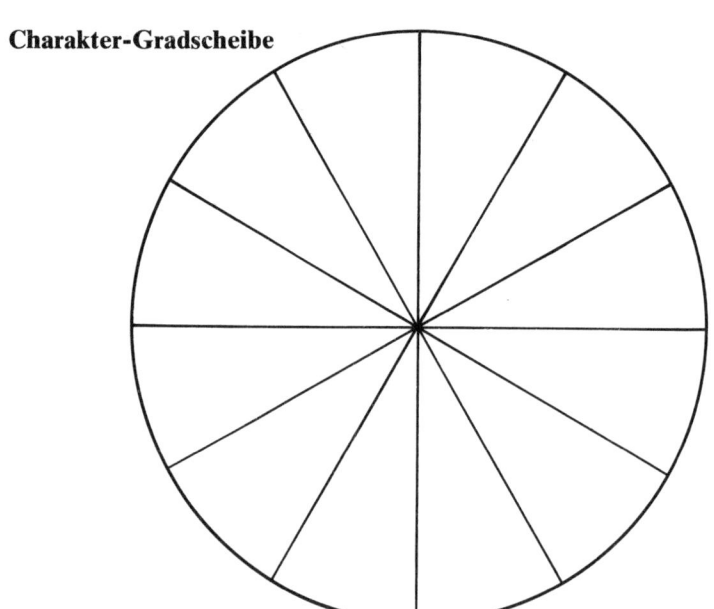

Liste empfehlenswerter einschlägiger Literatur

Bachler, Käthe: Erfahrungen einer Rutengängerin, 6. Auflage, Veritas-Verlag, Linz 1982

Curry, Manfred: Curry-Netz (Gesammelte Aufsätze), 2. Auflage, Herold-Verlag, München 1980

Ernst, Karl: Willst du gesund wohnen?, Pfaffrath-Verlag, Remscheid

Häberle, Thomas: Helfen und Heilen, 22. Auflage, Veritas-Verlag, Linz 1982

Häberle, Thomas: Raten und Retten, 7. Auflage, Veritas-Verlag, Linz 1982

Kumpe, Walter: Machen unsere Häuser uns krank?, Pfaffrath-Verlag, Remscheid

Laub, Ernst: Praktische Anwendung von Rute und Pendel, SIR Ruder Verlag, Binningen

Mermet, Abbé / Tressel, Pierre: Der Pendel als wissenschaftliches Instrument / Die praktische Pendelforschung, 3. Auflage, Verlag Siegrist/Müller, Heimberg 1979

Oberbach, J.: Feuer des Lebens, Verlag Werner Steig, Grünwald 1980

Pohl, Gustav Freiherr von: Erdstrahlen als Krankheits- und Krebserreger, Verlag „Fortschritt für alle", Feucht 1978

Sailer, Joseph: Mit Wünschelrute und Pendel zu den faszinierendsten Entdeckungen, Corona-Verlag, Frankfurt

Wetzel, C. M.: Radiästhesie – Rute und Pendel – heute, Herold-Verlag, München

Flugblattzeitung für mündige Bürger, Verlag „Fortschritt für alle", Feucht

Zeitschrift für Radiästhesie – Mitteilungsblatt des Zentrums für Radiästhesie, Herold-Verlag, München

Der Herold-Verlag in München kann auch aufs wärmste empfohlen werden hinsichtlich von Auskünften mit Bezug auf radiästhetische Sachfragen und Geräte.

Register

EINFÜHRUNG	10
GESCHICHTE DER RADIÄSTHESIE	13
Älteste Hinweise	13
Aus der klassischen Zeit	14
Aus dem Mittelalter	14
Aus der Neuzeit	15
Aus der neuesten Zeit	15
THEORETISCHE RADIÄSTHESIE	17
Grundbegriffe der Radiästhesie	17
Strahlen, Fühligkeit, Rute, Pendel	19
Strahlen	19
Die mentale Methode	20
Fühligkeit	20
Ungleiche Strahlenfühligkeit	22
Die materielle Methode	23
Die kombinierte Methode	24
Rute	25
Rutenhaltung in Ausgangsstellung	26
Rutengriffe	26
Tests zur Überprüfung, ob jemand Rutler ist	28
Vorbereitung	28
Die Tests	28
Test mit Selbstbeeinflussung	28
Test ohne Selbstbeeinflussung	29
Pendel	29
Aufhängevorrichtung des Pendels	29
Form des Pendels	30
Gewicht des Pendels	30
Pendelhaltung (Ausgangsstellung)	31
Beim Muten im Freien	31
Beim Muten an einem Tisch	32
Vorbereitung zum Pendeln	32
Tests zur Überprüfung, ob jemand Pendler ist	33
Vorbereitung	33
Die Tests	33

Test mit Selbstbeeinflussung	33
Test ohne Selbstbeeinflussung	33
Rutenausschläge und Pendelzeichen	33
Rutenausschläge	33
Pendelzeichen	34
Polarität	34
Was besagt Polarität?	34
Wie findet der Radiästhet seine Polarität?	35
Mit Selbstbestimmung	35
Ohne Selbstbestimmung (mit Hilfe eines Kupfer- und Zinnplättchens)	35
Liste der Ruten- und Pendelsprache	36
Die Rutensprache	36
Die Pendelsprache	36
Skizze zur Pendelsprache	37
Noch einige Bemerkungen zu Polarität, Ruten- und Pendelzeichen	38
Radiästhet und Nicht-Radiästhet	38
Abschluß des theoretischen Teils	39
PRAKTISCHE RADIÄSTHESIE	40
Die materielle Radiästhesie	41
Strahlen von unten (aus der Erde)	41
Die geologische Radiästhesie	41
Erdstrahlen	41
Strahlen von Objekten, die in der Erdkruste liegen	42
Die angeführten Störzonen im einzelnen	42
Wasseradern	42
Verwerfungen	44
Das Globalnetzgitter	44
Das zweite Gitternetz	45
Das polare Feld von Wittmann	45
Das Kubensystem von Benker	47
Strahlen von Bodenschätzen	47
Strahlenflüchter und Strahlensucher	48
Strahlenflüchter in der Pflanzenwelt	48
Strahlensucher in der Pflanzenwelt	49
Strahlenflüchter in der Tierwelt	49
Strahlensucher in der Tierwelt	49
Tips mit Bezug auf Strahlenflüchter und Strahlensucher in der Pflanzenwelt	49

Der Mensch – ein ausgesprochener Strahlenflüchter	51
Die Strahlen von unten und ihr gesundheitsschädigender Einfluß, einzeln betrachtet	52
Gesundheitsschädigende Wirkungen von Erdstrahlen in den verschiedenen Lebensphasen des Menschen	53
Zur Zeit der Schwangerschaft	53
Bei der Geburt	53
Säuglinge und Kleinkinder	53
Im Schulalter	54
Im Erwachsenenalter	54
Einige Anzeichen von Störzonen an Schlafstätten	54
Erdstrahlen an Badeorten	55
Mittel gegen die schädlichen Erdstrahlen	55
Ausweichen auf dem Bauplatz	55
„Abschirmen", „Entstören"	56
Abschirm- und Entstörungsgeräte	57
Abschirmen durch Naturprodukte (ohne Abschirmgeräte)	58
Eine kleine Auswahl meiner Heilerfolge durch Platzwechsel	58
Die hydrologische Radiästhesie	60
Überprüfung der Bodenbeschaffenheit	60
Einfache Methode der Lagebestimmung bei einer unterirdischen Wasserader	60
Ausführliche Methode der Lagebestimmung bei einer unterirdischen Wasserader	61
Mit Hilfe einer Holz- oder Metallrute	61
Mit Hilfe einer Gabelrute	62
Mit Hilfe eines Pendels	62
Lagebestimmung mit bestimmten Körperteilen	62
Ohne vorhergehende „Abmachung" mit Rute und Pendel	62
Lagebestimmung mit Hilfe der Fußspitze	62
Lagebestimmung mit dem Zeigefinger	63
Lagebestimmung mit der flachen Hand	63
Lagebestimmung bei Bodenschätzen	63
Überprüfung durch die materielle Methode	63
Vorwarnungen	64
Fließrichtungsbestimmung bei einer unterirdischen Wasserader	64
Mit Hilfe einer Holz- oder Metallrute	64
Mit Hilfe einer Gabelrute	64
Mit Hilfe eines Pendels	64
Breitenbestimmung bei einer unterirdischen Wasserader	65

Mit Hilfe einer Holz- oder Metallrute	65
Mit Hilfe einer Gabelrute	65
Mit Hilfe eines Pendels	65
Tiefenbestimmung bei einer unterirdischen Wasserader	65
Mit Hilfe einer Holz- oder Metallrute	65
Mit Hilfe eines Pendels	66
Volumenbestimmung bei einer unterirdischen Wasserader	66
Die Qualitätsbestimmung des Wassers einer unterirdischen Ader	67
Launen der Natur	69
Vom Brunnengraben, -schlagen, -bohren	70
Beispiel für ein gelungenes Brunnenschlagen	70
Aufsuchen einer Quelle	71
Mutung unterirdischer Wasseradern in einem Raum	71
Strahlen aus der Umwelt	74
Die biologische Radiästhesie	74
Strahlen aus der Welt der Technik, die gesundheitsschädlich sind	74
Wirkung des menschlichen Kraftfeldes auf das der Pflanzen (und umgekehrt)	75
Wirkung der pflanzlichen Kraftfelder zueinander	75
Wirkung des menschlichen Kraftfeldes auf Tiere (und umgekehrt)	76
Wechselwirkung der menschlichen Kraftfelder zueinander (Partnerschafts-Diagnose)	76
Ehepartnerschafts-Diagnose	77
Medizinische Radiästhesie	77
Untersuchung von Nahrungsmitteln	78
Die botanische Radiästhesie	79
Mutungen im landwirtschaftlichen Bereich	79
Strahlen von oben	80
Die atmosphärische und kosmische Radiästhesie	80
Das Wettergeschehen auf unserer Erde	81
Der Föhn	83
Föhneinfluß auf die belebte und unbelebte Natur	83
Studien über die Folgen des Tiefdruckwetters auf den Organismus der sensitiven und pflanzlichen Wesen	84
Strahlenfühligkeit und Wetterfühligkeit	84
Das radiästhetische Barometer	85
Schutz gegen die schädlichen Einflüsse von Strahlen aus der Atmosphäre und dem Kosmos	85
Wetter-Typen	86
Partnerwahl mit Bezug auf Wetter-Typen	86

Die mentale Radiästhesie 87
Die Psycho-Radiästhesie 88
Der Psycho-Radiästhet erforscht vermutete Schuld 88
Tests zur Überprüfung, ob jemand Schuld muten kann 88
Charakter-Diagnose 89
Das „Röntgen" des Intellekts mit Bezug auf Berufswahl 89
Die Teleradiästhesie 90
Einige Mutungen im Rahmen der Teleradiästhesie 91
Suche nach einer Wasserader 92
Suche nach einem verlorenen Gegenstand 92
Suche nach einem Vermißten 92
Fernbehandlung einer kranken Person 92
Die empfindsame Hand 93

ERGÄNZENDE BEMERKUNGEN 94
Tips für Radiästheten und ihre Klienten 94
Antworten auf negative Kritik 94
Was kann gemutet werden? 97
Aktion „Krebsverhütung" 97

SCHLUSSWORT DES AUTORS 99

EINIGE DIAGRAMME 101
Diagramm für radiästhetische Berufsberatung 101
Diagramm für selbstgewählte Ertestungen 101
Wetter-Diagramm 102
Charakter-Gradscheibe 102

Liste empfehlenswerter einschlägiger Literatur 103

ANHANG

Johannes Mayr

Die Radiästhesie als Gegenstand wissenschaftlicher Untersuchungen

1 Radiästhesie und Wissenschaft

Die Radiästhesie – die Lehre von der Strahlenfühligkeit – hat im Lauf ihrer langen Geschichte (siehe z. B. *Felder* 1981, *Hoch* 1982) eine unübersehbare Fülle von Theorien über unterschiedliche Arten von Strahlen, über ihre Wirkungen und über Möglichkeiten, sich vor ihnen zu schützen bzw. sie nutzbar zu machen, hervorgebracht: So sollen – um nur einige Beispiele für solche Theorien zu nennen – unterirdische Wasserläufe Krebs bewirken können, Stromkabel zu Nervosität führen, bestimmte Baumaterialien das Wohlbefinden der Menschen beeinträchtigen und verschiedene Störzonenstreifen unsere Erde umspannen. Dies alles soll durch Strahlen bewirkt werden, die von diesen Objekten ausgehen und die von sensiblen Personen mit Hilfe eines Pendels oder einer Wünschelrute festgestellt werden können. Diese beiden Instrumente sollen auch beim Erkennen von Krankheiten, bei der Festlegung geeigneter Therapien, ja sogar bei der Wahl des Berufs oder des Ehepartners gute Dienste leisten (vgl. *Pohl* 1932; *Curry* 1952, 1969; *Hartmann* 1976; *Kirchner* 1977; *Endrös* 1978; *Lotz* 1978; *Bachler* 1981; *Felder* 1981; *Hoch* 1982).

Die Überprüfung derartiger Aussagen und ihre Weiterentwicklung könnte eine wichtige Aufgabe wissenschaftlicher Forschung sein, einerseits wegen des großen Einflusses dieser Theorien auf sehr viele Menschen, andererseits auch wegen der Tatsache, daß sich die von Radiästheten berichteten Erfolge nicht ohne weiteres von der Hand weisen lassen (vgl. z. B. *Bachler* 1981). Daß die betroffenen Wissenschaften – insbesondere sind das die Physik, die Biologie und die Psychologie – bisher dennoch relativ wenig einschlägige Forschung betrieben haben, dürfte in mehreren Ursachen begründet sein.

Eine der Schwierigkeiten liegt vermutlich darin, daß dem Pendeln und Rutengehen der Ruf der Scharlatanerie anhaftet. Manche Radiästheten fördern dieses Bild noch durch ihr Verhalten. So hüten sie z. B. das „Innenleben" ihrer Pendel als Geheimnis, wissen Rat in allen Lebenslagen und erklären komplizierte Sachverhalte durch einfache Theorien. Auf Kritik reagieren sie ungehalten und versuchen, ihre Aussagen durch wohlklingende physikalische bis metaphysische Fachausdrücke zu untermauern. Auch die eigene, oft demonstrativ zur Schau gestellte Strahlenfurcht schmälert ihre Glaubwürdigkeit. Dazu kommen bei manchen noch zweifelhafte Geschäfte mit Entstörgeräten (vgl. *Prokop/Wimmer* 1977).

Es verwundert nicht, wenn bei alldem etliche um ihren Ruf besorgte Wissenschaftler trotz vorhandenem Interesse „Berührungsängste" entwickeln (vgl. *König* 1977, 170). Dem einzelnen Wissenschaftler können diese Begleitumstände aber auch ein willkommener Vorwand sein, seine eigenen Anschauungen, z. B. sein ausschließlich naturwissenschaftliches Weltbild, nicht in Frage stellen zu müssen. Auch persönliche Befürchtungen bezüglich einer eventuell doch möglichen Strahlengefährdung lassen sich leichter beiseite schieben, wenn man das gesamte Theoriengebäude für wertlos erklärt. Aus diesen Erlebnissen der Bedrohtheit heraus dürften auch die unsachliche Argumentation, der Dogmatismus und die Intoleranz mancher Wissenschaftler gegenüber der Radiästhesie erwachsen, wie sie etwa in der Arbeit von *Prokop/Wimmer* (1977) zum Ausdruck kommen. Neben diesen psychologischen Barrieren erschweren sachliche Probleme die wissenschaftliche Auseinandersetzung mit der Radiästhesie, vor allem methodische Schwierigkeiten und die durch den Gegenstand bedingte Notwendigkeit zum interdisziplinären Vorgehen.

Trotz dieser Hemmnisse hat eine Reihe von Wissenschaftlern – häufig selbst Radiästheten oder in Kooperation mit solchen – bereits wertvolle Forschungsarbeit geleistet. Im folgenden sollen einige dieser Arbeiten überblicksartig vorgestellt werden. Bei der Auswahl wurde darauf geachtet, möglichst vielfältige Forschungsinhalte und -methoden vertreten zu haben, so daß ein zumindest exemplarischer Einblick in die Möglichkeiten und Ergebnisse radiästhetischer Untersuchungen vermittelt wird.

2 Möglichkeiten und Beispiele der Überprüfung radiästhetischer Theorien

2.1 Messungen

Eine der bekanntesten radiästhetischen Theorien besagt, daß es sogenannte „Störzonen" gibt. Darunter sind Stellen an der Erdoberfläche zu verstehen, an denen das natürliche Strahlungsfeld durch das Zusammenwirken geologischer und meteorologischer Einflüsse irritiert sein soll. Es liegt nahe, durch Messungen zu überprüfen, ob sich an diesen Orten tatsächlich Strahlungsauffälligkeiten feststellen lassen.

Ein einschlägiges, von *Endrös* (1978, 70) mitgeteiltes Meßergebnis ist in Abbildung 1 dargestellt. Es zeigt die Potentialdifferenzen zwischen einer Störzone über einer Wasserader und einem 80 m entfernten Nullpunkt. In der Abbildung sind auch jene Stellen eingezeichnet, an denen nach *Endrös* Rutengänger die Wasserader durch Rutenausschläge angezeigt bekommen.

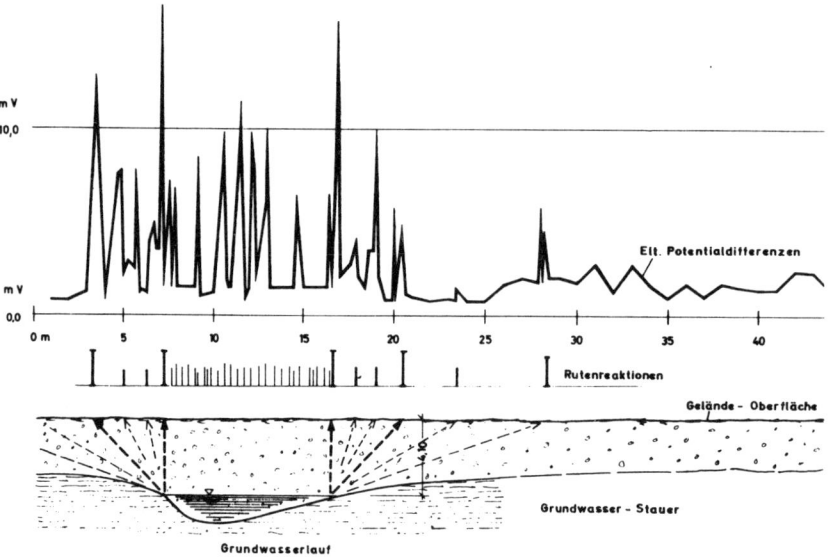

Abb. 1: Potentialdifferenzen zwischen einer durch eine Wasserader entstandenen Störzone und einem fernen Nullpunkt (aus: Endrös *1978, 70).*

Hartmann führte Messungen auf den Kreuzungspunkten eines von ihm Globalnetzgitter genannten Störzonensystems durch. Dabei stieß er u. a. auf Anomalien der UKW-Feldstärke, der Gammastrahlung und der elektrischen Bodenleitfähigkeit (*Hartmann* 1976, 363–388).

Betrachtet man solche Meßergebnisse genauer, als das hier möglich ist, ergibt sich ein sehr uneinheitliches und vielschichtiges Bild. Ein Problem beim meßtechnischen Nachweis von Störzonen liegt nämlich darin, daß das Strahlungsfeld der Erde überaus starken örtlichen und zeitlichen Schwankungen unterliegt, Störzoneneffekte dagegen hinsichtlich ihrer Größe (nicht notwendigerweise auch hinsichtlich ihrer biologischen Bedeutung!) sehr gering, vermutlich ebenfalls stark schwankend und daher schwer feststellbar sind (vgl. *König* 1977, *Endrös* 1978).

2.2 Feldstudien

Zur Erforschung der biologischen Auswirkungen von Störzonen wurden wiederholt umfangreiche Feldstudien durchgeführt. Eine der ersten Untersuchungen dieser Art unternahm *Pohl* 1929 in der bayrischen Kleinstadt Vilsbiburg. Er wollte dabei die von ihm und anderen gemachte Beobachtung überprüfen, daß Krebserkrankungen ausschließlich im Einflußbereich „starker negativ-elektrischer Erdstrahlung" auftreten. Unter amtlicher Kontrolle ermittelte *Pohl* zunächst die Lage dieser, meist über unterirdischen Wasserläufen liegenden Störzonen und trug sie in einen Stadtplan ein. Gleichzeitig erstellten der Bürgermeister und der Bezirksarzt eine Liste der in den vorangegangenen Jahren an Krebs gestorbenen Einwohner. Nach Abschluß dieser Arbeiten trug der Bürgermeister im Beisein von Zeugen die Schlafstellen der Verstorbenen in die Störzonenkarte *Pohl*s ein. Das Ergebnis bestätigte die Erwartungen des Forschers: Die Betten der 54 Krebsopfer hatten ausschließlich auf den von ihm ermittelten Störzonen gestanden (*Pohl* 1932, 13–45).

Ähnliche Ergebnisse erbrachten neuere Untersuchungen von *Endrös* (1978, 168 f), der außerdem über Grundwasserströmen eine überzufällige Häufung von Selbstmorden feststellte (*Endrös* 1978, 178 f).

Solche Feldstudien liefern oft sehr überzeugende Nachweise von Zusammenhängen zwischen Störzonen und biologischen und psychologischen Phänomenen. Mit ihrer Hilfe gelingt es jedoch nicht, Ursache und Wirkung auseinanderzuhalten. So würde man aus der erwähnten Untersuchung von *Endrös* zunächst nur folgern, daß Grundwasserströme die Selbstmordtendenz anheben (d. h. Wasseradern verursachen Selbstmord). Es ist aber auch die Interpretation möglich, daß selbstmordgefährdete Menschen Schlafstellen über Wasseradern bevorzugen (d. h. die Neigung zu Selbstmord verursacht die Wahl eines gestörten Schlafplatzes). Auch eine beide Möglichkeiten einschließende Auslegung ist denkbar: Selbstmordgefährdete wählen bevorzugt Schlafplätze über Wasseradern, wodurch die Wahrscheinlichkeit, daß sie tatsächlich Selbstmord begehen, weiter steigt. In diesem Fall würden Selbstmordneigung und Störzoneneinfluß in Wechselwirkung zueinander stehen.

2.3 Experimente

Im Gegensatz zu Feldstudien variiert der Forscher bei Experimenten die Umweltbedingungen systematisch, sodaß es möglich wird, Ursachen ausfindig zu machen. *Hartmann* z. B. wollte mit Hilfe von Tierexperimenten erkunden, ob die von ihm als besonders gefährlich erachteten Kreuzungspunkte zweier Störzonenstreifen die Entstehung von Krebs fördern. Zu diesem Zweck impfte er einer größeren Anzahl von Ratten eine krebserregende Substanz ein. Einen Teil der Tiere brachte er in einem Käfig unter, den er genau auf eine Störzonenkreuzung stellte. Nach einigen Wochen war bei den bestrahlten Tieren im Vergleich zu einer Kontrollgruppe ein vermehrtes Tumorwachstum festzustellen (*Hartmann* 1972, 988–996).

Durch Experimente ließ sich auch nachweisen, daß es Rutengängern möglich ist, elektromagnetische Felder aufzuspüren. Im Rahmen eines solchen Experiments ordnete *König* (1977, 182 f) acht Spulen, die sich einzeln mit Strom beschicken ließen, in einer Reihe an. Eine dieser Spulen wurde jeweils unter Spannung gesetzt und ein Rutengänger gebeten, diese Spule ausfindig zu machen (siehe Abbildung 2). Bei insgesamt 46 Versuchsdurchgängen gelang es den Testpersonen 23mal, die stromdurchflossene und dadurch ein künstliches Magnetfeld erzeugende Spule zu finden. Ein solches Ergebnis kann mit fast 100%iger Sicherheit nicht mehr durch Zufall erklärt werden.

Experimente mit Rutengängern verlaufen nicht immer so erfolgreich; auch ist nicht zu übersehen, daß im Experiment von *König* immerhin die Hälfte der Aussagen falsch war. Es stellt sich deshalb die Frage nach der Zuverlässigkeit von Rutengängern – diese läßt sich nur in bezug auf konkrete Personen beantworten –, aber auch die Frage nach der Aussagekraft derartiger Experimente. Diese ist zweifellos gegeben, wenn man bei der Interpretation nicht vergißt, daß der Rutengänger kein technischer Apparat ist, von dem man jederzeit die gleiche Zuverlässigkeit erwarten darf. Gerade Versuchsbedingungen können beim Rutengänger Gefühle der Bedrohtheit und Unsicherheit bewirken, die ihn daran hindern, sich ganz auf seine Aufgabe zu konzentrieren (vgl. auch *König* 1977, 187 f; *Hoch* 1982). Auf diese

Abb. 2: Rutengängerin während des Experiments von König
(Aus: König *1977, 158)*

Weise lassen sich vermutlich viele der Fehlleistungen von Rutengängern unter experimentellen Bedingungen erklären, über die zusammenfassend *Prokop/Wimmer* (1977) berichten.

Bestimmte, in den Bereich der Teleradiästhesie fallende Formen des Pendelns und Rutengehens (z. B. die sogenannten Fernmutungen; siehe *Kirchner* 1977, *Hoch* 1982) sind nach bisherigen Erfahrungen einer Überprüfung durch Experimente schwer zugänglich, da sich die für ihr Gelingen erforderlichen Voraussetzungen kaum künstlich herstellen lassen. Erklärungsansätze bietet jedoch die parapsychologische Forschung (siehe z. B. *Kirchner* 1977, 143–150; *Bender* 1980).

2.4 Einzelfallstudien

Während die beschriebenen Messungen, Feldstudien und Experimente im allgemeinen nur Fachleuten bekannt sind, erreichen die Erlebnisberichte und Fallbeschreibungen von Rutengängern oft große Publizität. Sie werden von den Radiästheten auch gerne als Beweise für die Richtigkeit ihrer Theorien angeführt. Oft werden dabei Erfolge bei der Bekämpfung von Krankheiten mitgeteilt, die dadurch zustande gekommen sein sollen, daß das Bett des Kranken von einer gestörten Stelle auf einen neutralen Ort verschoben wurde. Solche Bettumstellungen empfiehlt besonders *Bachler* (1981), die ihre diesbezüglichen Fallbeschreibungen überdies sorgfältig dokumentiert hat, sodaß sie neben der qualitativen Analyse auch einer statistischen Aufarbeitung zugänglich sind.

Einige methodische Probleme, die sich bei derartigen Einzelfallstudien ergeben können, sollten jedoch beachtet werden. Wenn beispielsweise *Bachler* (1981, 110) berichtet, daß sie bei 95 % der von ihr untersuchten Fälle von Lern- und Verhaltensstörungen bei Kindern (Denkstörungen, Vergeßlichkeit, Unverträglichkeit u. dgl.) zumindest eine Mitverursachung durch Störzonen fand, diese Schwierigkeiten sich aber durch Wechsel des Schlaf- oder Arbeitsplatzes ganz oder teilweise beheben ließen (*Bachler* 1981, 74–77, 109–113), so können gegen diese Befunde folgende Einwände erhoben werden:

– *Bachler* stellte bei 95 % der lern- und verhaltensgestörten Kinder Störzoneneinwirkungen fest. Die Ursache dieses hohen Prozentsatzes könnte u. a. darin zu suchen sein, daß Störzonen so häufig sind, daß allein aus diesem Grund sehr viele dieser Kinder zu Hause oder in der Schule einer Störzone ausgesetzt sind. Der Prozentsatz wäre erst dann interpretierbar, wenn er bei Kindern mit Verhaltensauffälligkeiten signifikant höher läge als bei einer Kontrollgruppe. Darüber macht *Bachler* aber keine Angaben.

– Die Verfasserin hat bei der Untersuchung der Schlaf- und Arbeitsplätze teilweise gewußt, daß das betreffende Kind an bestimmten Beschwerden leidet. Es ist nicht auszuschließen, daß dadurch manche ihrer Ergebnisse – wenn auch unbeabsichtigt – in erwartungskonforme Richtung gelenkt wurden.

– Die Erfolge des Ortswechsels könnten zu einem wesentlichen Teil auf Placebo-Effekten beruhen. Diese Annahme liegt nahe, da die beobachteten Beschwerden durchwegs einen deutlichen psychischen Entstehungsanteil aufweisen und Eltern und Kinder vermutlich oft große Hoffnungen in die empfohlene Maßnahme setzten. Auch *Bachler* (1981, 58) selbst nimmt eine gewisse Suggestionswirkung an, schreibt ihr aber eine untergeordnete Rolle zu.

- Die Wirkung des Ortswechsels wurde durch Befragung der Betroffenen erhoben. Diese Vorgangsweise läßt eine „Tendenz zur sozial erwünschten Antwort" (*Herrmann* 1972, 178) erwarten, besonders in jenen Fällen, in denen die Autorin zugleich Lehrerin der Kinder war (*Bachler* 1981,111–113). Manche der positiven Antworten lassen sich vermutlich auch dahingehend interpretieren, daß die Befragten die mit dem Ortswechsel verbundenen Unannehmlichkeiten (Bett umstellen, von Nachbarn belächelt werden usw.) vor sich selbst zu rechtfertigen versuchten (vgl. *Herkner* 1975, 28f).

- Die drei letztgenannten Einwände erscheinen besonders in jenen Fällen überlegenswert, in denen der Ortswechsel „auf gut Glück" versucht wurde. Bei dieser Maßnahme ist nämlich mit einer nicht unbedeutenden Wahrscheinlichkeit damit zu rechnen, daß die Betroffenen zufällig auf eine andere Störzone geraten oder auf der ersten bloß ein Stück weiterrücken. Dennoch gibt *Bachler* (1981, 112) eine Erfolgsquote von über 90% an. Allerdings ist auch zu berücksichtigen, daß nach den Erfahrungen von *Bachler* (1981, 226f) Menschen unter bestimmten Bedingungen einen geringfügigen Störzoneneinfluß durchaus verkraften können. Vielen Kindern mag also schon das Ausweichen auf einen weniger gestörten Platz geholfen haben.

Diese kritischen Anmerkungen sollen nicht die Bedeutung von Einzelfallstudien schmälern oder den Wert der Arbeit *Bachler*s in Frage stellen, denn derartige Untersuchungen sind sehr wichtig für die Weiterentwicklung der Radiästhesie. Sie sollen jedoch die Interpretation von Erfahrungsberichten erleichtern, die nur dann angemessen möglich ist, wenn man ihre potentiellen Fehlerquellen kennt.

3 Resümee

Die hier exemplarisch vorgestellten Untersuchungsergebnisse belegen, daß es beim derzeitigen Forschungsstand nicht mehr sinnvoll ist, die Annahmen der Radiästhesie pauschal als unbewiesene Behauptungen zu qualifizieren oder sie zu ignorieren. Wohl aber sind weitere Studien sehr wünschenswert, wobei möglichst vielfältige Methoden angewandt werden sollten, um so die den einzelnen Methoden anhaftenden Fehlerquellen ausgleichen zu können. Wo mit den Mitteln der traditionellen Wissenschaften (z. B. physikalischen Messungen) keine hinreichende Klärung gelingt, sollte man sich nicht scheuen, neue und noch umstrittene Forschungsrichtungen einzubeziehen (z. B. die Parapsychologie). Auch dürfte eine interdisziplinäre und „ökologische" Betrachtungsweise eine notwendige Voraussetzung sein, wenn man radiästhetischen Phänomenen sachgerecht auf den Grund gehen möchte.

Literaturverzeichnis

Bachler, K.: Erfahrungen einer Rutengängerin. Linz ^{6}1981

Bender, H.: Parapsychologie. Frankfurt ^{3}1980

Curry, M.: Das „Reaktionslinien-System". Hippokrates, 10/1952

Curry, M.: Schlüssel zum Leben. Zürich 1969

Endrös, R.: Die Strahlung der Erde und ihre Wirkung auf das Leben. Remscheid 1978

Felder, A.: Mensch zwischen Kosmos und Chaos. Linz 1981

Hartmann, E.: Krankheit als Standortproblem. Heidelberg ^{3}1976

Hartmann, E.: Tumorwachstum bei Ratten in Abhängigkeit von Standort und Milieu. Wetter, Boden, Mensch, 16/1972

Herkner, W.: Einführung in die Sozialpsychologie. Bern 1975

Herrmann, T.: Lehrbuch der empirischen Persönlichkeitsforschung. Göttingen ^{2}1972

Hoch, E.: Strahlenfühligkeit. Linz 1982

Kirchner, G.: Pendel und Wünschelrute. Genf ^{2}1977

König, H. L.: Unsichtbare Umwelt. München ^{2}1977

Lotz, K. E.: Willst du gesund wohnen?. Remscheid ^{3}1978

Pohl, G. Frh. v.: Erdstrahlen als Krankheitserreger. Diessen 1932

Prokop, O. / Wimmer, W.: Wünschelrute, Erdstrahlen, Radiästhesie. Stuttgart ^{2}1977

Dr. Ernst Hartmann

Experimenteller Nachweis ortsgebundener geopathischer Faktoren

Auszug aus: Hartmann, Ernst, Krankheit als Standortproblem, Heidelberg [4]1982, 98–106. Mit freundlicher Genehmigung des Autors und des Karl F. Haug Verlages, Heidelberg.

Ich hatte mir die Aufgabe gestellt, in Häusern, in denen nachweislich einmal oder mehrfach Krebs vorgekommen war, durch verschiedene biologische Methoden, die parallel liefen, den behaupteten geopathischen ortsgebundenen Faktor nachzuweisen und diese Punkte und Zonen nach Möglichkeit auch physikalisch meßbar zu erfassen. Zu diesem Zwecke wurden die Kreuzungspunkte und geopathischen Zonen zuerst subjektiv in den Häusern gesucht und vermessen. Dann wurden Pflanzenkästen (0,5 mal 2 Meter) in zwei Häusern so aufgestellt, daß jeweils ein Teil des Kastens vom Kreuzungspunkt getroffen wurde, der andere Teil aber möglichst keine geopathische Beeinflussung aufwies. Die Vorbereitung der Kästen und die Aussaat geschah durch Leute, die nicht wußten, auf was es ankam. Nach jedem Versuch wurde die Erde ausgewechselt. Der Samen zu den Versuchen war an beiden Plätzen jeweils vom selben Samengut.
Die tabellarischen Übersichten der Abb. 20 und 21 zeigen, daß auf den geopathischen Kreuzungspunkten Unterschiede gegenüber der neutralen Zone bestehen. Jeder Versuch bringt an gleicher Stelle immer dasselbe Ergebnis. Ausfälle von 50 und mehr Prozent sind keine Seltenheit. So konnte bei den Pflanzensorten ohne Ausnahme festgestellt werden, daß die Keimung auf neutraler Zone Stunden bis Tage früher erfolgte. Desgleichen glaubten wir zu beobachten, was in der Tabelle nicht zum Ausdruck kommt, daß ein Unterschied in der Chlorophyllfarbe bestand. Wir fanden bei Pflanzenkeimversuchen die Behauptung der Geopathie bestätigt, daß viele Kulturpflanzen durch geopathische Zonen beeinflußt werden. Es sei nicht verschwiegen, daß es auch Pflanzen, besonders Heilpflanzen, gibt, die geopathische Plätze bevorzugen.
Bei Vergleich der Tabellen finden wir in Abb. 21 einen wesentlich größeren Gesamtausfall als in Abb. 20. Es handelt sich dort um geopathische Zonen, die in 3 Generationen am selben Ort Magenkrebs erzeugt haben, jeden Bewohner (bei Flüchtlingen beobachtet) nach kurzer Zeit schwerst krank machen und auch in den betroffenen Schweine- und Hühnerställen verhee-

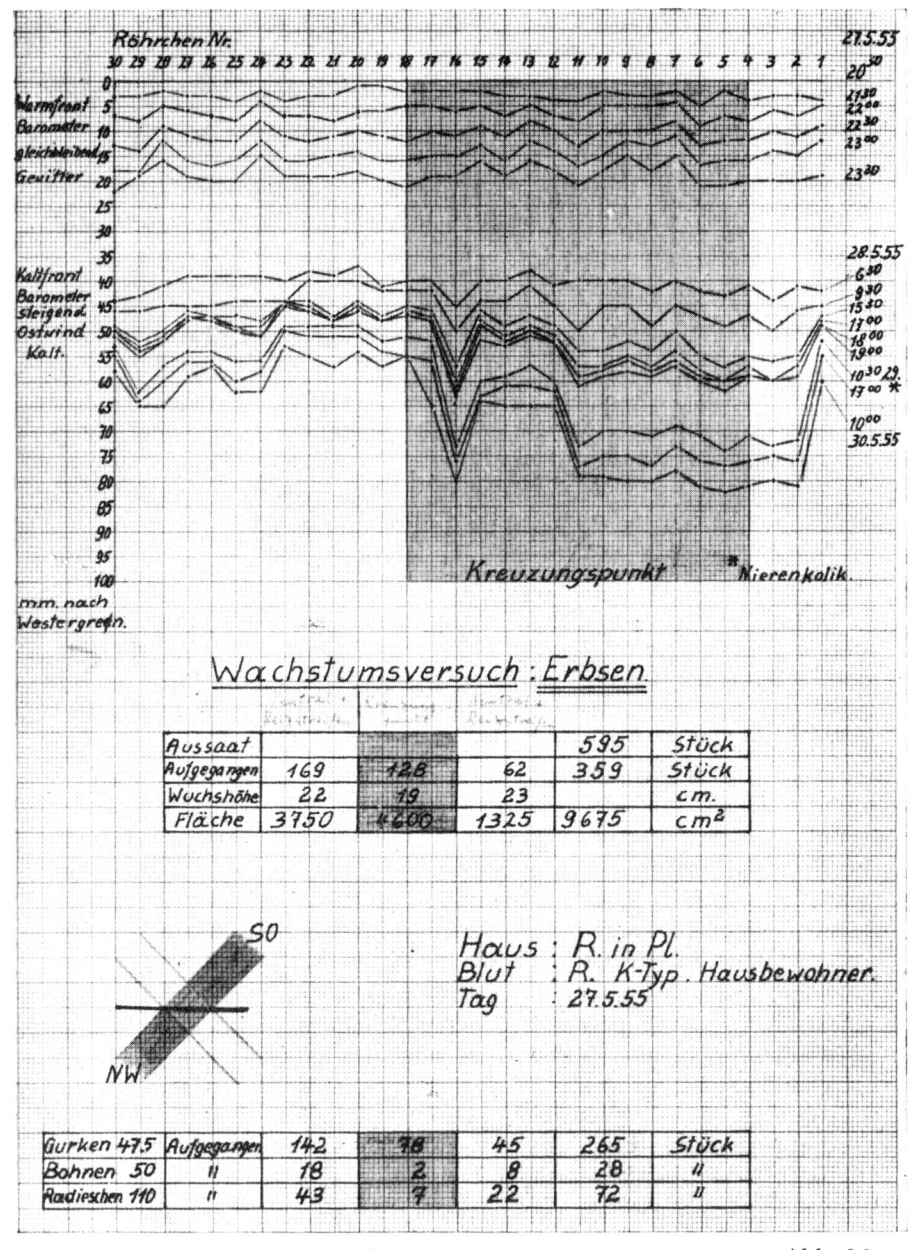

120 | Neutral-+ Reizstreifen | Kreuzungspunkt | Neutral-+ Reizstreifen | Abb. 20

Abb. 20: *Hier war die Versuchsreihe bei einem Wechsel von Warm- zu Kaltfront angesetzt. Wir haben hier 30 Röhrchen, deren Senkungswerte in der Zeit (rechtsstehend) laufend graphisch dargestellt sind. Wir sehen, obwohl nur schwach angedeutet, daß in den ersten 3 Stunden auf dem Kreuzungspunkt mehr hemmende Röhrchen vorhanden sind als in der Umgebung. Am nächsten Tag (noch das gleiche Blut), nachdem ein klassischer Wetterumschwung stattgefunden hatte, erlebten wir etwas vollkommen anderes: erstens eine allgemeine Hemmung des ganzen Senkungsablaufes, zweitens eine auffallende relative Beschleunigung der Röhrchen auf dem Kreuzungspunkt. Diese Kurve demonstriert in einmaliger Weise geopathische Einwirkung. Wir wissen aus Erfahrung, daß bei beginnender Warmfront Menschen, die auf geopathischen Zonen liegen, oft beschwerdefrei werden (auch der Krebs ist davon nicht ausgenommen). Andererseits ist es kein Novum, daß Kaltfronteinbrüche geopathische Zonen und Kreuzungspunkte aktiv werden lassen, es treten Krämpfe und schwere Entzündungen auf. Diese Kurve demonstriert deutlich die Einwirkung der Wetterfronten auf den menschlichen Körper. Nach meinen Erfahrungen bringt die Warmfront, wie es auch* Curry *beschrieb, Entzündungen, und zwar in der Hauptsache allgemeine Fieberinfekte. An den Blutsenkungsreihen wurde uns klar, daß bei Warmfront der Senkungsablauf auf neutraler Zone in vielen Fällen beschleunigt ist gegenüber geopathischen Zonen. Diese wirken quasi entzündungswidrig. Bei Kaltfront können wir aus unserer reinen Kurvenstatistik, unter Anlehnung an ärztliche Erfahrung, folgendes sagen: Koliken und Krampfzustände treten bei Kaltfronteinbrüchen auf, deutlich demonstrierbar, wobei Hemmung des gesamten Senkungsablaufes eintritt. Bei weiterem Wirken der Kaltfront jedoch sehen wir, daß diese Hemmung auf der geopathischen Zone durchbrochen wird. Es tritt gegenüber neutraler Zone eine Beschleunigung des Senkungsablaufes ein.*
Also bei Kaltlufteinbruch zuerst allgemeine Hemmung sämtlicher biologischer Abläufe, irgendwie identisch mit einem Krampfzustand. Anschließend jedoch Ausbruch schwer zu beeinflussender Entzündungszustände. Therapeutisch ist das interessant, da fieberhafte Zustände bei verschiedenen Fronten oft nicht auf das gleiche Mittel ansprechen. Bei Warmfronten müssen wir den Parasympathicus anregen, das heißt, einen Reiz setzen, wie ihn ein Kreuzungspunkt ausübt, bei Kaltfront einen sympathikotonen Reiz ausüben, wie er auf einer neutralen Zone bei Warmfront vorhanden ist.

rend wirken. Geopathische Zonen sind eben nicht gleich, sondern örtlich verschieden.
Nach Abschluß monatelanger, in verschiedenen Häusern parallel verlaufender Keimversuche mit verschiedenen Kulturpflanzen steht eindeutig fest, daß geopathische Zonen einen Einfluß auf das Pflanzenwachstum ausüben. Hier wurde erstmalig der Versuch gemacht, direkt unter der Lagerstelle von Krebspatienten an Keimversuchen zu zeigen, daß auch ein geopathischer Faktor bei der Krebs-Genese eine Rolle spielt. Es ist erschütternd, wie bei jedem Keimversuch immer an der gleichen Stelle senkrecht unter dem krebserkrankten Organ der Pflanzenwuchs gestört ist.

		Wachstumsversuch				
		Neutral + Reizstreifen	Kreuzungspunkt	Neutral + Reizstreifen		
Erbsen	Aussaat				127	Stück
	Aufgegangen	15	6	33	54	"
Gurken	Aussaat				75	
	Aufgegangen	0	0	0	0	"
Mais	Aussaat				65	"
	Aufgegangen	16	13	22	51	"
Bohnen 35	Aufgegangen	3	1	4	8	"
Reihenlänge		60	75	60	195	cm
				Haus:	G. in Pl.	
				Blut:	Herr R.	
				Tag:	1.6.55	

Abb. 21

Nachdem Tastversuche mit Blutsenkungen über den Pflanzenkästen gezeigt hatten, daß besonders über den Stellen, wo der stärkste Keimausfall war, erhebliche Senkungsabweichungen vorlagen, trafen wir folgende Versuchsanordnung:
In einer Latte wurden im Abstand von 6 cm (später 2 bis 5 cm) Löcher gebohrt. Durch diese Löcher wurden Blutsenkungsröhrchen senkrecht gesteckt, alle in der gleichen Höhe. Das untere Ende war mit einer Gummikappe verschlossen. Die Meßlatte war konstant am Ort fixiert. So wurde in mehreren Häusern verfahren. Die Latte war jeweils so befestigt, daß ein Teil der Röhrchen auf geopathischer Zone bzw. Kreuzungspunkt (in 3 Häusern Krebspunkt), der andere Teil auf neutraler Fläche hing. Nun wurde entweder im Versuchshaus direkt Patienten eine größere Menge Blut abgenommen, oder das Blut zu den Senkungen wurde nach Abnahme andernorts sofort zum Versuchshaus gebracht. Bisher wurden über 2 000 Einzelsenkungen durchgeführt, wobei beim Einzelversuch zwischen 16 und 20 Röhrchen gleichzeitig mit demselben Blut beschickt waren.
Bei ca. 1 000 Einzelsenkungen war die Meßlatte im Hause G. in Pl. (Magenkrebs seit drei Generationen) aufgestellt. Mit einer Rekordspritze wur-

den die Westergrenröhrchen durch eine Gummikappe von unten in einem bestimmten Zeitrhythmus gefüllt und im selben Zeitintervall wieder abgelesen. Die Werte der einzelnen Röhrchen wurden graphisch dargestellt, und zwar so, daß das Kurvenbild dem visuellen Senkungsablauf entsprach. Abbildung 20 zeigt diese Form der Darstellung. Die Millimeter nach *Westergren* sind in der Ordinate von oben nach unten dargestellt, wobei die jeweils zu einer gewissen Zeit (rechts) erreichten Werte der einzelnen Röhrchen kurvenmäßig miteinander verbunden sind.

Wir haben diese Form gewählt, da wir glauben, daß wir durch Vergleich solcher Reihen ohne große Rechenkünste sofort ein Bild bekommen, was an den einzelnen Stellen los ist.

Da wir in geschlossenen Räumen arbeiteten, ist anzunehmen, daß die Umwelteinflüsse sich auf die Reihen gleichmäßig verteilten. Da ferner in verschiedenen Räumen dieselben Ergebnisse erzielt wurden, fällt auch der Einwand eines spezifischen Raumklimas fort. Um einen Röhrcheneffekt auszuschließen, wurden sie bei jedem Versuch untereinander ausgetauscht. Wir sahen bald, daß das Wetter und das Blut bei der Beurteilung mit einbezogen werden mußten. Theoretisch müßten wir laufend Kurven erhalten, die zwischen den Röhrchen unregelmäßige Schwankungen aufzeigen, bedingt durch die der Blutsenkung anhaftende Fehlerbreite. Es hat sich aber gezeigt, daß wir für jeden Ort im Bereich von Kreuzungspunkten und geopathischen Zonen typische Kurvenabläufe bekommen.

Bei stabiler Wetterlage (Schönwetterlage), wo wir keine auffallenden Erkrankungen sehen, unsere Patienten sich relativ wohl fühlen, verlief die Senkungskurve der einzelnen Röhrchen auf der Meßbreite praktisch geradlinig. Plötzlich jedoch kamen Senkungsreihen, die Unterschiede, sowohl gruppenweise als auch in den Einzelröhrchen, aufwiesen. Diese Kurvenbilder traten dann auf, wenn wir besonderes Wetter hatten. Zur Illustration diene Abbildung 22. Dort sehen wir schematisch dargestellt das Ergebnis aus 1 200 BSR im Haus G. in Pl. und Haus R. in Pl. Da wir diese Beobachtungen immer wieder machten, kann von Zufälligkeit nicht gesprochen werden.

Wir können aus unseren Versuchen folgendes herauslesen: Zu den bekannten Faktoren, die eine Blutsenkung beeinflussen, wie Wärme, Art des Blutes, Wetter, Tageszeit, kommt als neuer Faktor der Ortskoeffizient hinzu. Es ist also nicht gleichgültig, an welchen Stellen eines Raumes Blutsenkungen ausgeführt werden.

Wir konnten in einzelnen Senkungsreihen bei entsprechender Wetterlage deutlich zeigen, daß auf geopathischen Zonen oder deren Kreuzungspunkten gegenüber der Umgebung während eines Senkungsvorganges Unterschiede in den einzelnen Gruppen und deren Einzelröhrchen bis zu 50 und mehr Millimeter Westergren auftreten können.

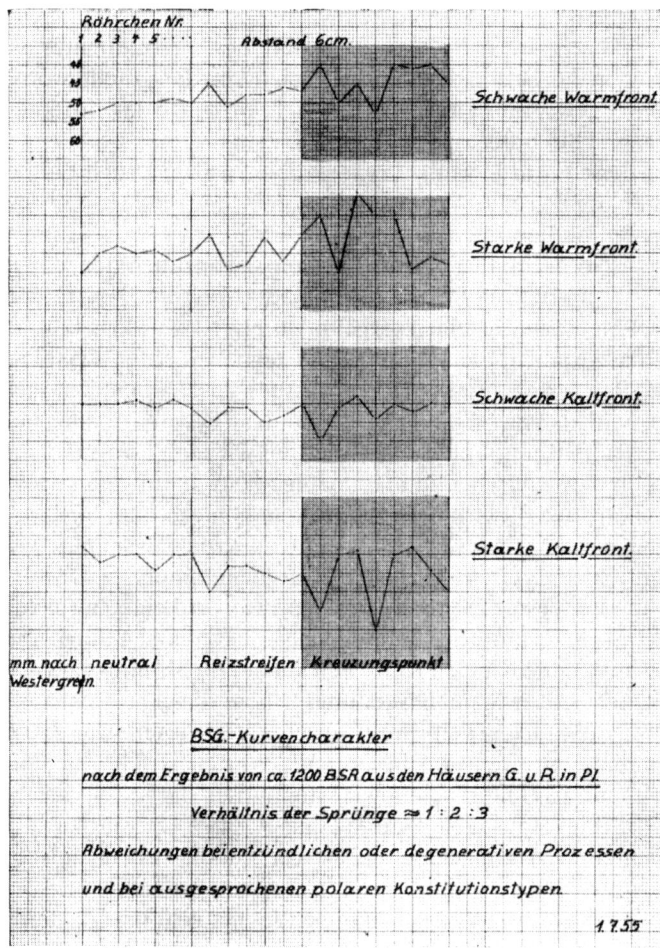

Abb. 22

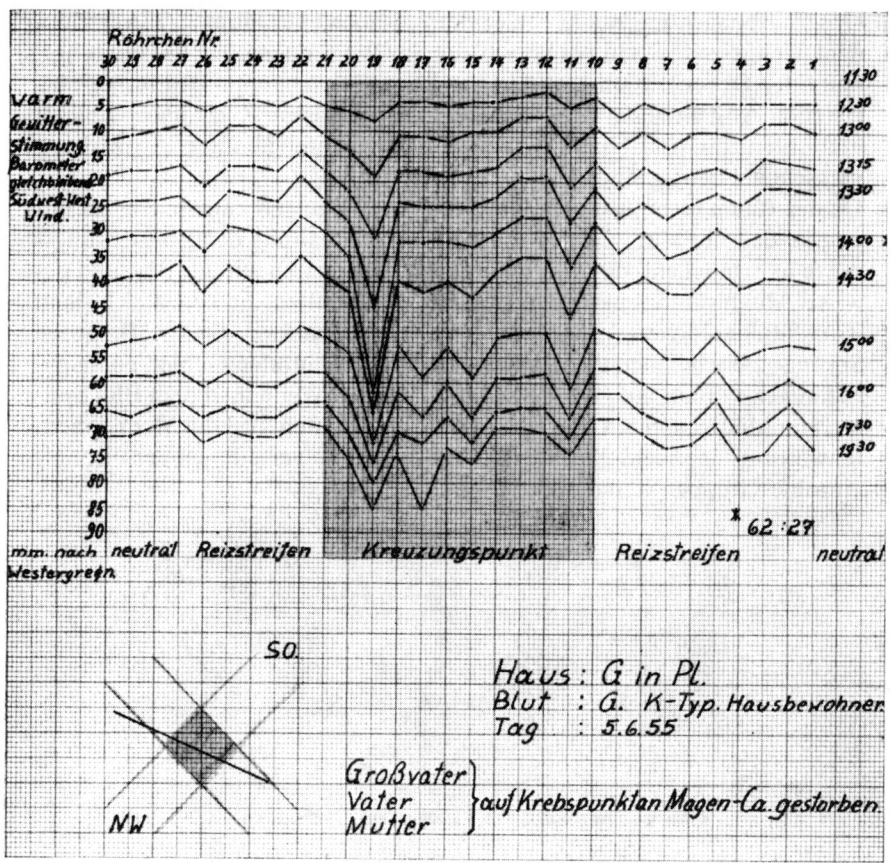

Abb. 23: Diagramme eines jungen Mannes, dessen Eltern und Großvater im selben Bett an Magenkrebs gestorben sind. Das Kurvenbild seiner Blutsenkungsreihe (alle Röhrchen sind mit dem gleichen Blut beschickt) demonstriert seine Anfälligkeit für den geopathischen Reiz, dem seine Vorfahren zum Opfer gefallen sind.

Unsere Beobachtungen mit Blutsenkungsreihen über Monate, zu verschiedenen Tageszeiten und bei verschiedenen Wetterlagen mit Entzündungsblut oder Degenerationsblut decken sich vollkommen mit den bisher vertretenen Ansichten der Geopathie, daß geopathische Reize nach Qualität und Intensität ortsabhängig, wetterabhängig und in ihrer Auswirkung menschenabhängig sind.

Da der Raum nicht ausreicht, um alle Beobachtungen mitzuteilen, sei nur gesagt, daß die Methode der graphischen Festhaltung der Blutsenkungswerte es ermöglicht, den Einfluß von Medikamenten auf das Blut und gewisse Abschirmungsmethoden objektiv festzuhalten. Es lassen sich dann Kurvenbilder erzeugen, die sonst nie zu beobachten sind, z. B. große Sprünge zwischen den einzelnen Röhrchen im neutralen Gebiet, völlig geradliniger Verlauf auf geopathischer Zone usw. Wenn man dem Blut Spuren von Medikamenten zusetzt, so ist zu beobachten, daß die Medikamentenwirkung sich nicht gleichmäßig auf die Reihe verteilt, sondern isoliert einzelne Gruppen herausgegriffen werden.

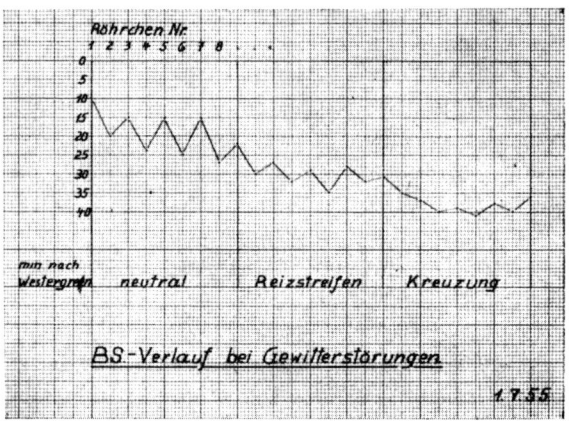

Abb. 24: Verlauf einer Blutsenkungsreihe, schematisch dargestellt, wie wir ihn bei Gewittern beobachten können. Hier wird im Gegensatz zu sonstigen Kurven die neutrale Zone unruhig, zeigt rhythmische Schwankungen zwischen Hemmung und Beschleunigung, während auf den geopathischen Stellen ein mehr oder weniger geradliniger Verlauf zu beobachten ist.

Zusammenfassung

Wir haben versucht, in monatelangen, parallel verlaufenden Reihenversuchen mit verschiedenen Methoden in 4 Häusern den Nachweis für einen ortsgebundenen geopathischen Faktor zu erbringen. Besonders das Haus

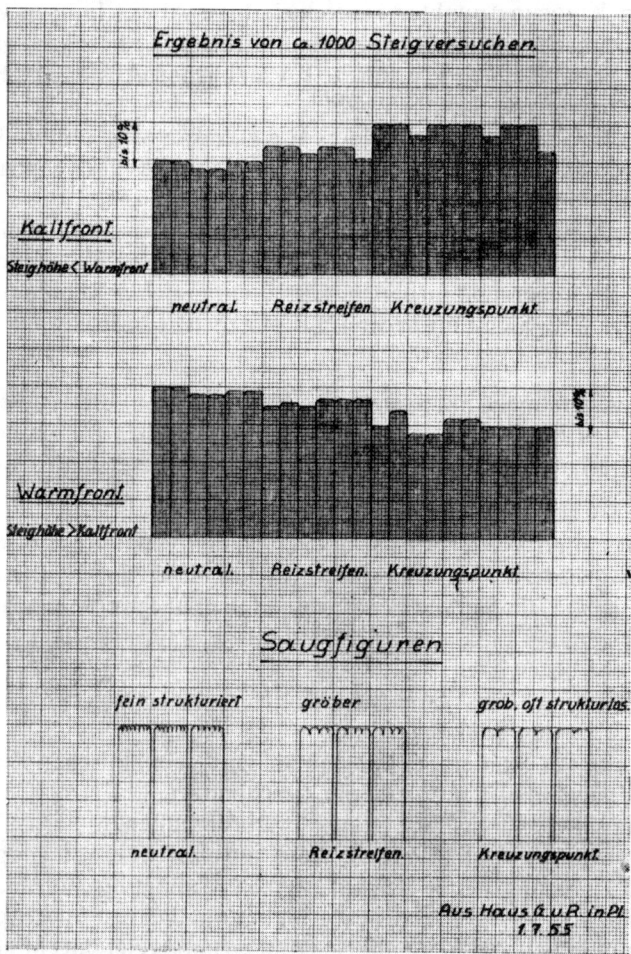

Abb. 25: Ergebnis von ca. 1000 Steigversuchen mit Filtrierpapier; es wurde ähnlich wie bei den Blutsenkungsreihen verfahren. Auch hier deutlich Abweichungen in den einzelnen Gruppen bei entsprechenden Wetterlagen und Ausbleiben der Unterschiede bei störungsfreiem Wetter.

G. in Pl. mit 3 Krebsfällen ist interessant, weil dort von *Schwamm* und *Hartmann* schon Ultrarotmessungen durchgeführt waren, die deutlich den Krebspunkt (geopathische Kreuzung) als einen die Ultrarotstrahlung beeinflussenden Faktor erkennen ließen.

Alle angewandten Methoden haben gezeigt, daß auf geopathischen Zonen und deren Kreuzungspunkten reproduzierbare Abweichungen vorlagen. Die Keimversuche mit Gurken, Bohnen, Erbsen, Radieschen, Mais usw. zeigten in verschiedenen Häusern z. T. erheblichen Ausfall der Keimung auf geopathischen Kreuzungen.

Die von *Pollak, Curry* und besonders von *Petschke* mitgeteilten Beobachtungen über Abweichungen des Blutsenkungsablaufes über geopathischen Zonen wurden bestätigt.

Wir beobachteten wie *Petschke*, daß sich manchmal im Verlauf eines Senkungsversuches plötzlich deutliche Hemmung oder Beschleunigung in den einzelnen Röhrchen und Gruppen einstellten. *Petschke* konnte diese Abweichungen statistisch einwandfrei mit plötzlichen Luftschwankungen in Übereinstimmung bringen.

Nachdem wir erstmalig mit fixierten Reihen arbeiteten, auf das Wetter achteten und den Blutcharakter berücksichtigten, glauben wir zumindest für den Ort Eberbach und Umgebung eine bestimmte Gesetzlichkeit gefunden zu haben:

1. Bei konstanter Wetterlage (Schönwetter) laufen fixierte Blutsenkungsreihen bei gleichem Blut über geopathischer Zone und neutraler Stelle gleichmäßig ab. Die Kurven der einzelnen Senkungswerte gleichen praktisch einer geraden Linie und zeigen nur kleine Schwankungen, die wir als Fehlergrenze bezeichnen.
2. Bei Eintreffen einer Warm- oder Kaltfront ändert sich der Kurvencharakter der fixierten Senkungsreihe.
3. Bei Kaltfront ist der Senkungsablauf auf geopathischer Zone bzw. Kreuzung gegenüber neutraler Zone beschleunigt.
4. Bei Warmfront findet sich umgekehrtes Verhalten.
5. Bei Gewitter wird die neutrale Zone unruhig, während geopathische Zone und Kreuzungspunkt gleichmäßig beschleunigt erscheinen.
6. Das Blut von Vagotonikern (kaltfrontempfindlich) ist für geopathische Zonen empfindlich, das heißt, die Senkungsgruppe zeigt dort in sich starke Schwankungen zwischen Hemmung und Beschleunigung und ist im gesamten gegenüber der neutralen Zone beschleunigt.
7. Beim Sympathikotoniker (warmfrontempfindlich) haben wir umgekehrtes Verhalten.

8. Entzündungsblut scheint auf geopathischen Zonen in der Regel gehemmt, Degenerationsblut beschleunigt.
9. Abweichungen finden sich nur bei ausgesprochen pathologisch entzündlichem oder degenerativem Blut bei entsprechenden Wetterlagen.
10. Bei Warmfront scheint eine geopathische Zone bzw. Kreuzung entzündungshemmend, bei Kaltfront krampfauslösend und anschließend bei Senkungsbeschleunigung spezifisch entzündungsauslösend zu wirken.
11. Auf der Erdoberfläche scheint von 10 zu 10 cm ein Wechsel zwischen Hemmung und Beschleunigung zu bestehen, der erst deutlich wird bei entsprechendem Wetter.
12. Einfache geopathische Zonen unterscheiden sich gegenüber neutralem Boden nur durch größere Sprünge. Das heißt, finden wir auf neutralem Boden zwischen den Röhrchen Unterschiede von 5 mm, so zeigt die geopathische Zone Unterschiede von 10 mm.
13. Kreuzungspunkte zeigen dann zur selben Zeit Schwankungen von 15 mm.
14. Kurz zusammengefaßt: Das Verhältnis der Einzelröhrchen in den einzelnen Gruppen zwischen Hemmung und Beschleunigung beträgt 1 : 2 : 3.
15. Bei Gewitter scheint dieses Verhältnis umgekehrt.
16. Steigversuche mit Filtrierpapierstreifen, die zu den Senkungsreihen parallel liefen, zeigten ebenfalls ortabhängige Saughöhen und Saugfiguren. Bei Warmfront stieg die Saugflüssigkeit auf neutraler Zone höher. Bei Kaltfront umgekehrtes Verhalten.

Abschließend möchten wir festhalten, daß es sich um Testversuche handelt, die zur Nachprüfung anregen sollen. Fixierte Senkungsreihen sollten in Zukunft in der Lage sein, uns Einblick in das spezifisch geopathisch-dynamische Geschehen zu geben. Unsere Versuche haben immerhin ein örtliches Agens deutlich werden lassen, jedoch nach wie vor über den Charakter dieses Agens nichts aussagen können.
Dazu einige neuerliche Bemerkungen. Zu der Zeit, als diese Blutsenkungsversuche gemacht wurden, hatten wir zur Festlegung der Zonen UKW-Feldstärkemeßgeräte noch nicht zur Verfügung. Auch besaßen wir noch nicht die anschauliche Klarheit über Wirkungen dieser Zonen, wie wir sie jetzt haben, nachdem das GRG entwickelt ist. Ich bin überzeugt, wenn wir heute die Versuche wiederholen, werden die Blutsenkungen dasselbe deutliche Ergebnis zeitigen wie der Sitzversuch beim GRG. Auf den geopathogenen Zonen werden je nach Wetterlage die kolloidalen Körperflüssigkeiten beeinflußt und ändern ihre Viskosität, worauf schon *Petschke* hingewiesen hat. Die Arbeiten von *Petschke* und mir stehen seit 10 bzw. 12 Jahren

im medizinischen Raum. Soweit mir bekannt, wurden sie weder erwähnt, kritisiert noch nachgeprüft. Durch diese Untersuchungen ist gezeigt, daß eine in der Medizin gebräuchliche Methode unter Umständen in ihrem Aussagewert zweifelhaft sein kann.

Felix Froschauer / Johannes Mayr

"Störzonen" – eine Ursache von Lern- und Verhaltensstörungen?

1 Problemstellung

Von alters her wird den sogenannten "Störzonen", die sich über Wasseradern oder im Zusammenhang mit anderen Naturerscheinungen bilden sollen, die Fähigkeit zugeschrieben, das Wohlbefinden fast aller Arten von Lebewesen zu beeinträchtigen (zuletzt von *Felder* 1981, *Hoch* 1982), eine Annahme, die auch durch zahlreiche Untersuchungsergebnisse gestützt wird (siehe u. a. *Hartmann* 1976, *König* 1977, *Endrös* 1978, *Mayr* 1982). Störzonen sollen häufig auch Ursache von Lern- und Verhaltensstörungen bei Kindern sein, wie Käthe *Bachler* in ihrem Buch "Erfahrungen einer Rutengängerin" (1981) anhand zahlreicher Fallbeschreibungen dokumentiert. Die Verfasserin sichtet darin ihre Erkenntnisse aus über zweitausend Wohnungs- und Arbeitsplatzuntersuchungen. Dabei gelangt sie zu dem Schluß, daß bei 95 % der von ihr analysierten Fälle von Lern- und Verhaltensstörungen (schlechte Schulleistungen, Denkstörungen, Vergeßlichkeit, Langsamkeit, Ängstlichkeit, Unverträglichkeit, Schulschwänzen, Bettnässen u. dgl.) zumindest eine Mitverursachung durch Störzonen vorliege (*Bachler* 1981, 110). Die Vermutung von Zusammenhängen zwischen Störzonen und Verhaltensauffälligkeiten ist auch insofern plausibel, als Störzonen nach *Endrös* (1978, 18–39) vor allem auf das Hormon- und Nervensystem ungünstig einwirken sollen.

Da die Aussagekraft der Befunde *Bachler*s möglicherweise durch methodenbedingte Fehlerquellen beschränkt wird (vgl. *Mayr* 1982), soll hier eine Untersuchung zum selben Themenkreis vorgestellt werden, die von vornherein auf eine quantitativ-statistische Analyse abgestimmt ist und damit eine schon von *König* (1977, 187) verlangte Ergänzung zu Einzelfallstudien darstellt.

2 Hypothesen

Ausgehend von den Befunden *Bachlers* und zur exemplarischen Überprüfung ihrer Ergebnisse formulierten wir für unsere Untersuchung folgende Hypothesen:

Kinder, die in der Schule längere Zeit hindurch über einer Wasserader sitzen (also von einer Störzone betroffen sind)

– sind unkonzentrierter	(Hypothese 1)
– erbringen geringere Schulleistungen	(Hypothese 2)
– haben weniger Freude am Schulbesuch	(Hypothese 3)
– zeigen ungünstigeres Sozialverhalten	(Hypothese 4)

als Kinder, die über keiner Wasserader sitzen.

Andere Störzonen (z. B. das Global- und das Diagonalnetzgitter; vgl. *Curry* 1952 bzw. *Hartmann* 1976) wurden in die Untersuchung nicht einbezogen, weil sich ihre großflächige und genaue Feststellung als zu aufwendig erwies.

3 Beschreibung der Untersuchung

3.1 Probanden

An der Untersuchung waren zu Beginn alle 200 Schülerinnen und Schüler der achtklassigen Übungsvolksschule der Pädagogischen Akademie der Diözese Linz beteiligt. Nach Ausscheiden einer Klasse wegen Nichteinhaltung der Untersuchungsbedingungen sowie einiger erkrankter Kinder reduzierte sich die Anzahl der Probanden auf 155.

3.2 Untersuchungsablauf

– Jeder Proband erhielt für die Dauer von sechs Wochen einen fixen Sitzplatz in seinem Klassenzimmer zugeteilt, da nach *Wurm* (1979) erst nach ca. vier Wochen Auswirkungen eines Störzoneneinflusses erkennbar werden. Der Standort der Tische wurde auf dem Fußboden markiert. Regelmäßige Kontrollen sollten sicherstellen, daß die Aufstellung genau eingehalten wird. Bei einer Klasse war dies nicht der Fall, sodaß sie zwar zur Standardisierung des Konzentrationstests (siehe Abschnitt 3.4.1), nicht aber zur Hypothesenprüfung herangezogen wurde.

- In jedem Klassenraum wurden die durch Wasseradern hervorgerufenen Störzonen ermittelt. Weder Lehrer noch Schüler wurden über das Ergebnis informiert.

- Nach Ablauf der sechs Wochen führten wir einen Konzentrationstest durch, und die Lehrer schätzten ihre Schüler hinsichtlich Schulleistung, Freude am Schulbesuch und Sozialverhalten ein.

3.3 Datenerhebung

3.3.1 Störzonen

Für die Lokalisierung der Störzonen stand uns mit Herrn Stadtrat a. D. Hugo *Wurm*, dem Vizepräsidenten des österreichischen Verbandes für Radiästhesie, ein erfahrener Rutengänger zur Verfügung. Seine Ergebnisse wurden von einem zweiten Rutengänger, der unabhängig von ihm stichprobenartige Überprüfungen vornahm, im wesentlichen bestätigt. Da unserer Erfahrung nach qualifizierte Rutengänger bei Wasseradern eine hinreichende Meßgenauigkeit erreichen (vgl. auch *Bachler* 1981, *Kirchner* 1977), zogen wir die Anwendung objektiver Methoden (wie Messung des Magnetfeldes, der Infrarot- und Mikrowellenstrahlung oder der UKW-Antennenfeldstärke), die sehr aufwendig und zudem störanfällig sind, nicht in Betracht (vgl. *Endrös* 1978, 202–207). Wir zeichneten den Verlauf der Wasseradern in maßstabgetreue Pläne der Klassenzimmer ein (siehe Abbildung 1) und klassifizierten einen Sitzplatz dann als gestört, wenn ein in der Mitte des jeweiligen Sitzplatzes liegender, 15 cm von der Tischkante entfernter fiktiver Punkt innerhalb einer Störzone lag. Diese Stelle dürfte nach unseren Beobachtungen ungefähr den Mittelpunkt des kindlichen Bewegungsraumes markieren.

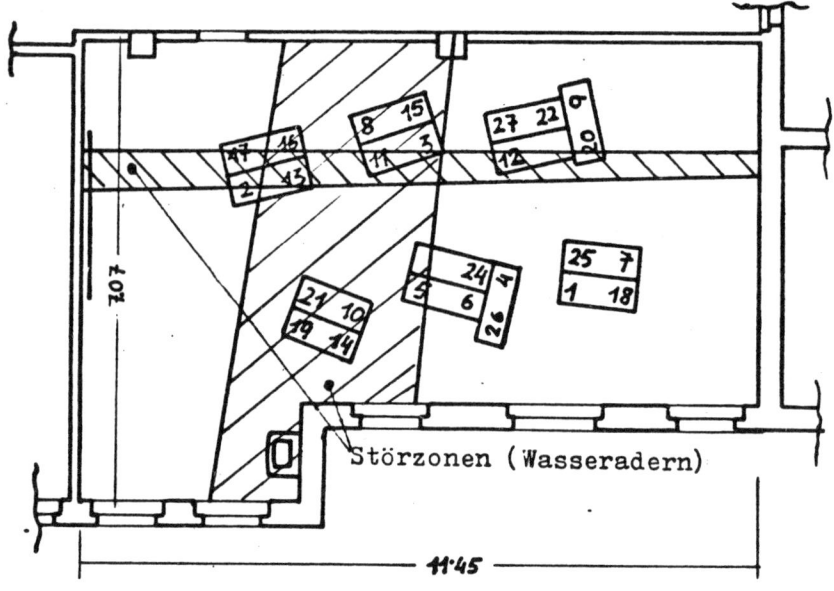

Abb. 1: Plan eines Klassenzimmers

3.3.2 Konzentrationsleistung

Da keiner der gebräuchlichen Konzentrationstests von der ersten bis zur vierten Klasse einsetzbar ist, entwickelten wir eine Variante zum d-2-Test von *Brickenkamp* (1972), die keine Buchstabenkenntnis erfordert und somit auch bei Schulanfängern verwendet werden kann. Wir ersetzten die Buchstaben d und p durch Figuren von Buben und Mädchen sowie die Striche über und unter den Buchstaben durch „Knöpfe", sodaß sich die in Abbildung 2 dargestellten Items ergaben. Da die Figuren größer als die Items des Originaltests sind, mußte auch die Raumaufteilung geändert werden, und es konnten weniger Zeichen auf den Testblättern untergebracht werden. Wir faßten jeweils drei Zeilen zu je 20 Items in Kästchen zusammen. So fanden auf jedem Testblatt vier Kästchen mit insgesamt 240 Figuren Platz. Analog zum d-2-Test sollen die Probanden möglichst rasch und fehlerfrei alle Buben mit zwei Knöpfen durchstreichen. Als optimale Bearbeitungsdauer ergab sich in Vorversuchen an rund 100 Volksschülern eine Zeit von 35 Sekunden pro Kästchen. Bei dieser Voruntersuchung wurde auch die in Anlehnung an *Wieczerkowsky* (siehe *Brickenkamp* 1972, 11f) formulierte Testinstruktion auf ihre Tauglichkeit geprüft.

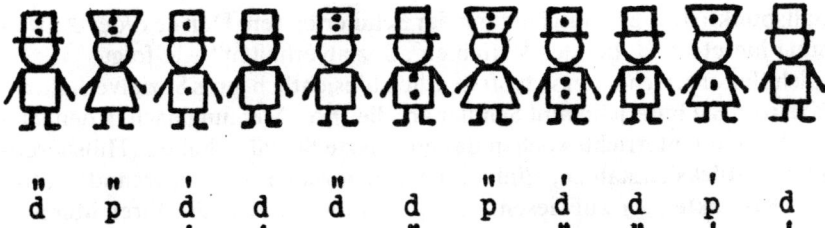

Abb. 2: Gegenüberstellung von Items des verwendeten Konzentrationstests und entsprechenden Items des d-2-Tests

Wie beim d-2-Test lassen sich verschiedene „Leistungswerte" ermitteln: die Gesamtzahl der bearbeiteten Zeichen (GZ) als Maß für die Leistungsmenge, der Prozentsatz der falschen Lösungen (F%) als Maß für die Leistungsgüte und die Differenz zwischen GZ und F als „Gesamttestwert" (vgl. *Pauli/Arnold* 1972, 278). Da die Werte GZ und GZ – F sehr hoch korrelieren (siehe unten bzw. *Brickenkamp* 1972, 19), verwendeten wir für unsere Untersuchung nur den sehr ökonomisch auswertbaren GZ-Wert.

Es ist anzunehmen, daß dieser Test ebenso wie der Originaltest die „Aufmerksamkeits-Belastbarkeit" *(Brickenkamp)* – von uns kurz Konzentration genannt – mißt, weil:

– er in größtmöglicher Anlehnung an den d-2-Test konstruiert wurde,

– die Art der Zeichen nach *Brickenkamp* (1972, 18) von geringer Bedeutung sein dürfte,

– er im Vergleich zum d-2-Test sehr ähnliche Interkorrelationen der einzelnen Leistungswerte aufweist ($r_{GZ/GZ-F} = .96$, $\varrho_{GZ/F\%} = .24$, $\varrho_{GZ-F/F\%} = .10$; erhoben bei 41 achtjährigen Kindern) und

– die auf 2 Minuten 20 Sekunden verringerte Testzeit das Ergebnis kaum beeinflussen dürfte (vgl. *Brickenkamp* 1972, 17).

3.3.3 Schulleistung, Freude am Schulbesuch und Sozialverhalten

Die drei Variablen wurden durch Befragung der Klassenlehrer erfaßt. Zu diesem Zweck erhielt jeder Lehrer für jedes Merkmal eine Klassenliste mit vorangestellter schriftlicher Instruktion. Diese sollte ihm auch einige Anhaltspunkte für die Einschätzung der Schüler bieten. Der Text der Anweisung lautete z. B. bei der Variablen „Sozialverhalten" wie folgt: „Schüler unterscheiden sich oft deutlich hinsichtlich ihres Sozialverhaltens. Kreuzen Sie bitte jene fünf Schüler an, die Ihrer Meinung nach in den letzten beiden Unterrichtswochen das günstigste Sozialverhalten (Hilfsbereitschaft, Rücksichtnahme, Einhaltung von sozialen Regeln, freundschaftliche Kontakte...) aufwiesen, und jene fünf Schüler, die Ihrer Meinung nach das ungünstigste Sozialverhalten zeigten."

Aus dem Bereich der „Schulleistung" wurde nur die Leistung in Mathematik berücksichtigt. Diese Beschränkung erfolgte deshalb, weil in diesem Fach gute und schlechte Schüler relativ objektiv eruierbar sind.

3.4 Datenauswertung und Ergebnisse

3.4.1 Konzentrationsleistung

Um die Daten aus dem Konzentrationstest über alle Schulstufen hinweg verrechnen zu können, wurden die Rohwerte nach einer von *Lienert* (1969, 331) angegebenen Formel in Standardwerte (T-Werte; $\bar{x} = 50$, $s = 10$) umgewandelt. Zur Standardisierung wurden die Testwerte sämtlicher Schüler verwendet, auch die Daten der Kinder jener Klasse, die aus der eigentlichen Untersuchung ausgeschieden werden mußte (siehe Abschnitt 4.2).

Entsprechend Hypothese 1 (siehe Abschnitt 2) wäre zu erwarten, daß die unter Wasseraderneinfluß stehenden Schüler einen schlechteren Konzentrationswert erreichen als die davon nicht betroffenen Kinder. Tatsächlich lag der gemittelte T-Wert der ersten Gruppe mit 48,8 (n = 30) unter dem der zweiten mit 49,8 (n = 125). Die Differenz erwies sich jedoch als statistisch nicht signifikant (geprüft mit t-Test für unabhängige Stichproben), so daß Hypothese 1 zumindest für die Gesamtstichprobe nicht bestätigt werden konnte. Bei der Diskussion der Ergebnisse (siehe Abschnitt 4) wird auf eine Schulklasse gesondert eingegangen werden. Bei dieser ergab sich ein Mittelwert von 46,3 bei den 12 Schülern mit gestörtem Platz und einer von 51,3 bei der ebenfalls 12 Kinder umfassenden Vergleichsgruppe. Dieser Unterschied ist bei einer Irrtumswahrscheinlichkeit von 10 % signifikant, wobei das 5 %-Niveau nur knapp verfehlt wird.

3.4.2 Schulleistung, Freude am Schulbesuch und Sozialverhalten

Die Daten aus der Lehrerbefragung sind in Abbildung 3 zusammengestellt. Es ist offensichtlich, daß sich die über Wasseradern sitzenden Kinder im Hinblick auf Schulleistung, Freude am Schulbesuch und Sozialverhalten nicht überzufällig von den Kontrollkindern unterscheiden. Eine Prüfung auf Signifikanz unterblieb deshalb. Das Ergebnis bedeutet, daß die Hypothesen 2, 3 und 4 (siehe Abschnitt 2) sich nicht bestätigen haben lassen.

		Schulleistung		Freude am Schulbesuch		Sozialverhalten	
		positiv	negativ	positiv	negativ	positiv	negativ
Sitzplatz	ungestört	28	30	30	32	30	28
	gestört	7	5	5	3	5	7

Abb. 3: *Verteilung der hinsichtlich verschiedener Merkmale besonders positiv oder negativ eingeschätzten Schüler auf ungestörte und gestörte Sitzplätze.*

4 Zusammenfassung und Diskussion

Wir überprüften an einer Stichprobe von 155 Volksschülern die Befunde von *Bachler,* nach denen Kinder, die einem Störzoneneinfluß ausgesetzt sind, in erhöhtem Ausmaß Lern- und Verhaltensstörungen aufweisen (vgl. Abschnitt 1). In unserer Untersuchung zeigte sich jedoch – zumindest global betrachtet – kein derartiger Zusammenhang: Jene 30 Kinder, die in der Schule über einer Wasserader saßen, unterschieden sich hinsichtlich Konzentration, Schulleistung, Freude am Schulbesuch und Sozialverhalten nicht von den anderen.

Einige kritische Anmerkungen sollen dieses Ergebnis ergänzen:
- Bei den verwendeten Meßmethoden muß zum Teil mit größeren Ungenauigkeiten gerechnet werden. Das gilt besonders für die Erfassung der Schulleistung, der Freude am Schulerfolg und des Sozialverhaltens. Stör-

zoneneinflüsse in wirklich bedeutsamer Größenordnung wären aber vermutlich auch mit diesen Methoden aufgefunden worden.

- Die klimatischen Bedingungen im Untersuchungszeitraum – insbesondere während der Durchführung des Konzentrationstests – könnten die Ergebnisse beeinflußt haben, wurden von uns jedoch nicht berücksichtigt (vgl. *König* 1977).

- Einen geringfügigen Störzoneneinfluß können nach *Bachler* (1981, 226) „fast alle Menschen ertragen, besonders dann, wenn sie diesen durch natürliche, gesunde Lebensweise ... und durch seelische Harmonie ausgleichen." Auf einen Teil der Kinder dürfte diese Bemerkung zutreffen.

- Die Dauer der Störzoneneinwirkung war mit sechs Wochen relativ knapp bemessen und wurde durch je zwei schulfreie Tage zu den Wochenenden zusätzlich verkürzt.

- Auch die Kinder der Kontrollgruppe waren nicht zur Gänze frei von Störzoneneinflüssen, da vermutlich ein größerer Teil von ihnen von anderen Störungen (z. B. Global- und Diagonalnetzgitter) betroffen war. Das könnte zu einer gewissen Angleichung der beiden Gruppen geführt haben. Dennoch wäre wegen der additiven Wirkung der einzelnen Störzoneneffekte ein ungünstigeres Abschneiden der unter Wasseraderneinwirkung stehenden Kinder zu erwarten gewesen.

- Unter dem Schulgebäude verliefen mehrere Wasseradern. Bis auf eine waren jedoch alle so schmal, daß sie nur ca. 50 cm breite Störzonen hervorriefen. In diesen Fällen könnten schon geringe Ungenauigkeiten bei ihrer Erfassung oder beim Einhalten der Sitzplätze zu einer merklichen Verfälschung der Untersuchungsergebnisse geführt haben. Es ist auch denkbar, daß sich manche für Wasseradern sensible Kinder durch unabsichtliches Verrücken des Sessels dem Störzoneneinfluß entzogen haben. Zu diesen Überlegungen würde gut das Ergebnis einer Klasse passen, die so breite Störzonen aufgewiesen hat, daß eventuelle Meßfehler weniger zum Tragen gekommen wären und ein Ausweichen nur in einigen Fällen möglich gewesen wäre (siehe Abbildung 1): Hier unterschieden sich die Konzentrationswerte der zu vergleichenden Gruppen deutlich voneinander (siehe Abschnitt 3.4.1). Sollte es sich dabei nicht nur um eine Scheinsignifikanz handeln, so wäre der Unterschied auch praktisch durchaus relevant.

Zieht man die genannten Einwände in Betracht, so läßt sich aus unseren Untersuchungsergebnissen keine klare Aussage über die Gültigkeit der überprüften Hypothesen ableiten. Es scheint jedoch so zu sein, daß kleinere Wasseradern keinen beachtenswerten Einfluß auf darübersitzende Schulkinder ausüben, sei es wegen ihrer schwachen Wirkung oder weil ihnen leicht ausgewichen werden kann. Zum sicheren Nachweis von schädigenden Effekten größerer Wasserläufe müßten weitere Untersuchungen mit umfangreicheren Stichproben und über längere Zeiträume hinweg durchgeführt werden. Dann ließe sich die von uns beobachtete Tendenz statistisch hinreichend absichern oder widerlegen.

Quellennachweis

Bachler, K.: Erfahrungen einer Rutengängerin. Linz ^{6}1981

Brickenkamp, R.: Aufmerksamkeits-Belastungs-Test d 2, Handanweisung. Göttingen ^{4}1972

Curry, M.: Das „Reaktionslinien-System". Hippokrates, 10/1952

Endrös, R.: Die Strahlung der Erde und ihre Wirkung auf das Leben. Remscheid 1978

Felder, A.: Mensch zwischen Kosmos und Chaos. Linz 1981

Hartmann, E.: Krankheit als Standortproblem. Heidelberg ^{3}1976

Hoch, E.: Strahlenfühligkeit. Linz 1982

Kirchner, G.: Pendel und Wünschelrute. Genf ^{2}1977

König, H. L.: Unsichtbare Umwelt. München ^{2}1977

Lienert, G. A.: Testaufbau und Testanalyse. Weinheim ^{3}1969

Mayr, J.: Die Radiästhesie im Urteil wissenschaftlicher Untersuchungen. In: *Hoch, E.:* Strahlenfühligkeit. Linz 1982

Pauli, R. / Arnold, W. (Hg.): Psychologisches Praktikum, Bd. 2: Diagnostisches Praktikum. Stuttgart ^{7}1972

Wurm, H.: Strahlungen. Aus der Praxis eines Rutengängers. Seminare in Reichersberg/Inn (September 1979) und Schlägl/OÖ (Juni 1980), veranstaltet vom Landesinstitut für Volksbildung und Heimatpflege in Oberösterreich

Stellungnahme von Frau Käthe Bachler zu den Beiträgen von Johannes Mayr: „Die Radiästhesie als Gegenstand wissenschaftlicher Untersuchungen" und Felix Froschauer / Johannes Mayr: „‚Störzonen' – eine Ursache von Lern- und Verhaltensstörungen?"

1 Zu Johannes Mayr: Die Radiästhesie als Gegenstand wissenschaftlicher Untersuchungen

Es ist zu begrüßen, wenn Wissenschaftler sich kritisch mit der Radiästhesie, ihren Erfolgen und Mißerfolgen, auseinandersetzen. Aber in diesem Beitrag ist zuwenig beachtet worden, daß bei meinen Untersuchungen nicht bloß „Einzelfallstudien" durchgeführt wurden, sondern daß durch Untersuchung mehrerer Internate und vieler Häuser von Großfamilien ein breites Beobachtungsspektrum gegeben war. Bei den „95 % Gebesserten" (siehe Seite 116) handelt es sich nicht – wie es den Anschein erweckt – um eine Studie, welche die Sitzplätze von Kindern in Klassenzimmern betrifft, sondern um den Einfluß von meist mehrfach gestörten Schlafplätzen auf die befragten Kinder.

2 Zu Felix Froschauer / Johannes Mayr: „Störzonen" – eine Ursache von Lern- und Verhaltensstörungen?

Diese Studie enthält leider so viele Mängel, daß ein positives Ergebnis der Arbeit von vornherein nicht zu erwarten war. Die Beobachtung müßte sich mindestens über fünf Monate hinziehen, und es müßten noch viele zusätzliche strenge Maßnahmen getroffen werden, wie sie zum Teil auch Mayr selbst vorschlägt (siehe Seiten 137–139). Dann – davon bin ich überzeugt – würden ähnliche Ergebnisse der Wahrheitssuche möglich sein, wie ich sie bei meinen kritisch beobachteten Tatsachen (nicht: Hypothesen) bei 12 000 Personen – sowohl bei gesunden wie auch bei kranken – aus allen Bevölkerungsschichten und in allen Lebensaltern in 14 Staaten vorgefunden habe, d. h. deutlich erkennbare Zusammenhänge zwischen der Qualität der Schlaf- und Arbeitsplätze und dem Befinden der Menschen.

Ich habe mich mit Dr. Johannes Mayr geeinigt, gemeinsam eine viel umfangreichere und sehr gründlich vorbereitete Untersuchung in Teamarbeit durchzuführen. Dazu sind weitere Interessenten, auch Skeptiker, herzlich eingeladen.

Käthe Bachler